消费信贷的财富预期对农户消费的影响研究

涂先进◎著

西南财经大学出版社

中国·成都

图书在版编目(CIP)数据

消费信贷的财富预期对农户消费的影响研究/涂先进
著.--成都:西南财经大学出版社,2024.9.
ISBN 978-7-5504-6382-0

Ⅰ.F832.479

中国国家版本馆 CIP 数据核字第 2024NG7150 号

消费信贷的财富预期对农户消费的影响研究

XIAOFEI XINDAI DE CAIFU YUQI DUI NONGHU XIAOFEI DE YINGXIANG YANJIU

涂先进　著

责任编辑:刘佳庆
责任校对:植　苗
封面设计:墨创文化
责任印制:朱曼丽

出版发行	西南财经大学出版社(四川省成都市光华村街55号)
网　　址	http://cbs.swufe.edu.cn
电子邮件	bookcj@ swufe.edu.cn
邮政编码	610074
电　　话	028-87353785
照　　排	四川胜翔数码印务设计有限公司
印　　刷	郫县犀浦印刷厂
成品尺寸	170 mm×240 mm
印　　张	12.5
字　　数	260 千字
版　　次	2024 年 9 月第 1 版
印　　次	2024 年 9 月第 1 次印刷
书　　号	ISBN 978-7-5504-6382-0
定　　价	78.00 元

前　言

　　作为缓解消费者流动性紧张的重要举措之一，消费信贷①主要以财富为中介来影响农户消费。传统研究也大多以效用最大化公理来探讨消费信贷对农户消费决策的影响，而忽略了借款者基于环境变化产生的心理预期活动对其消费决策的影响。事实上，农户借款者②在获得信贷融资支持后会根据各种影响消费决策变量的期望值来调整其消费支出，也就是说，借款者会对金融财富的未来价值产生预期，从而采取适应财富变化的消费决策行为。虽然行为经济学关注到了农户心理活动对其消费决策的影响，然而却并没有关注到借款者会产生财富预期及其对农户消费决策的影响。究其原因，学术界对农户消费决策机制的探讨主要基于理性人假设和效用最大化公理，而忽略了借款者会因经济环境变化而产生复杂的心理活动，进而对其消费决策产生影响。

　　事实上，消费信贷不仅通过会计账户产生物质（货币）财富，还可以通过心理账户③产生财富预期。对于农户而言，其往往面临着收入不稳定、流动性约束等复杂的消费环境，因此在金融活动中，借款者会根据经济环境变化而对未来有无还款能力或者违约（履约）风险等不确定性经济后果（Kahneman把这种不确定性后果被称为"前景"）进行预期，同时会建立心理账户对不同前景下的金融财富价值进行重新估价（价值判断），最终形成财富预期。因此，财富预期主要满足农户借款者的心理需求下金融财富价值的另一种表现形式，是在心理账户中对消费信贷进行价值判断的结果。可以说，财富预期是财富内涵和外延的拓展，财富预期结果也是决策

---

① 消费信贷是广义上的一切用于满足家庭开支的各种借款，包括银行贷款和亲友借款等。

② 本书中的借款者主要是在农村家庭（农户）中有消费决定权的决策者。

③ Thaler、Kahneman等认为，经济个体对财富（或者经济结果）进行记账、编码、估价、预算的过程形成心理账户。心理账户内隐于消费者，每个人都有或明确或潜在的心理账户系统。

者对未来有无违约风险或还款能力的一种研判。心理账户作为监测、控制消费者行为的一种特定机制，会在心理上根据估价结果对消费进行预算调节，并设置要达到的消费目标。因此，借款者通过心理账户形成财富预期会影响农户消费决策，故对消费函数的构建不应该将借款者财富预期这一内生变量做外生化处理，只有将财富预期纳入行为决策函数才能对农户行为决策过程做出最合乎实际的解释。但消费信贷的财富预期是什么？财富预期如何产生及量化？财富预期影响农户消费的作用机制是什么？消费信贷对农户消费是否有财富预期效应？现有研究对这些问题并未给予明确的回答，而对这些问题的回答有利于更好释放消费金融对消费的影响效应。

基于此，为深入剖析在金融活动过程中消费信贷的财富预期产生过程及财富预期对农户消费决策的影响，本书清晰界定了消费信贷财富预期的内涵和外延，构建了财富预期的产生机制及量化方法，厘清了财富预期影响农户消费决策的逻辑链条。据此，本书使用 Probit 等计量分析工具探讨了消费信贷的财富预期影响农户消费的总体效应，分别从静态与动态的时间维度、生存型支出和改善型支出的结构维度来考察消费信贷的财富预期对农户消费的影响。同时，考虑到我国区域及农村内部差异，本书进一步探讨了消费信贷的财富预期对农户消费影响效应的异质性，从东中西不同区域和高中低不同收入群体来分析消费信贷财富预期对农户消费的影响。总之，本书基于理论分析框架提出研究假设，以 CFPS 数据为统计分析基础。最后，本书的主要结论和创新点如下：

一、主要结论

（1）提出了消费信贷会产生财富预期的思想。农户借款者在获得融资支持后，会担心未来是否违约的不确定性后果（前景），从而建立心理账户对不同前景下的金融财富价值进行重新估价，最终形成财富预期。总之，借款者会依据经济环境变化而对金融财富进行估价从而产生财富预期。

（2）明确了消费信贷财富预期的内涵及量化方法。财富预期是心理账户对消费信贷进行估价的结果，主要满足决策者心理需求，是财富内涵和外延的一种拓展。从财富预期创造过程看，财富预期规模的大小主要和参照点的选取以及沉没成本大小有关。

（3）构建了消费信贷财富预期效应发挥的逻辑框架。财富预期主要通过参照点效应和沉没成本效应来影响消费规模，通过对财富预期的认知属性和情绪反应来影响消费内容选择、财富认知或乐观情绪时，农户倾向于改善型支出；而通过对财富预期的认识属性和情绪反应来影响债务认知或悲观情绪时，农户则倾向于生存型支出。

（4）消费信贷的财富预期对农户消费有积极影响。消费信贷的财富预期对农户消费决策产生了积极的影响效应，在静态与动态、规模视角下，财富预期与农户消费呈同方向变动；在结构视角下，财富预期对生存型支出的影响效应要高于改善型支出。

（5）财富预期对农户消费的影响效应呈现异质性。财富预期对农户消费的影响效应在不同区域上和不同主体上均表现出异质性：财富预期对东部地区的拉动效应要高于中西部地区；财富预期对高收入群体的促进效应要高于中低收入群体。

二、主要创新点

（1）从行为经济学视角探讨了消费信贷财富预期，丰富了财富的内涵与外延。从行为经济学出发，本书通过分析发现借款者对金融活动未来不确定性后果存在明显预期，进而会通过建立心理账户对不同前景下的金融财富价值进行重新判断，最终形成财富预期。可以说，消费信贷产生财富预期的研究成果丰富了财富的内涵和外延，弥补了传统消费信贷财富研究的不足。

（2）构建了财富预期影响消费决策的理论框架，奠定了财富预期效应的微观基础。本书通过捕捉到借款者对未来不确定性后果（前景）的预期，提出通过计算不同前景下金融财富价值，最终加总成财富预期的量化方法，厘清了财富预期影响农户消费决策的逻辑链条，从概念界定—产生过程—量化方法—作用路径建立财富预期效应分析的完整框架，从而为相关实证奠定微观基础。

（3）验证了消费信贷对农户消费财富预期效应的存在，从而弥补了传统消费信贷财富效应研究的不足。本书将借款者对消费信贷的心理活动结果——财富预期作为内生变量纳入农户消费决策函数中，从总体效应和异质性来验证消费信贷的财富预期对农户消费影响效应的存在，得出稳健和可靠的结论，从而弥补了传统消费信贷财富效应研究的不足。

涂先进

2024 年 3 月

Preface

As one of the important measures to ease consumer liquidity tensions, consumer credit mainly uses wealth as an intermediary to affect farmers' consumption. Traditional studies also use utility maximization axioms to discuss the impact of consumer credit on farmers' consumption decisions, while ignoring borrowers. The impact of psychological anticipation activities based on environmental changes on their consumption decisions. In fact, after obtaining credit financing support, rural household borrowers will adjust their consumption expenditures according to the expectations of various variables that affect consumption decision-making, that is to say, borrowers will have expectations of the future value of financial wealth, so as to adopt consumption that adapts to changes in wealth decision-making behavior. Although behavioral economics focuses on the impact of farmers' psychological activities on their consumption decisions, it does not pay attention to the borrowers' wealth expectations and their impact on farmers' consumption decisions. The reason for this is that the academic discussion of the farmers' consumption decision-making mechanism is mainly based on the assumption of rational people and the utility maximization axiom, while ignoring the impact of borrowers' complex psychological activities due to changes in the economic environment on their consumption decisions.

In fact, consumer credit not only generates material (currency) wealth through accounting accounts, but also generates wealth expectations through mental accounts. For farmers, they often face a complicated consumption environment such as unstable income and liquidity constraints. Therefore, in financial activities, the borrower will have future repayment ability or default (performance) risk according to changes in the economic environment. Uncertain economic consequences (Kahneman refers to such uncertain consequences as prospects) are expected. At the same time, mental accounts will be established torevaluate the value of financial wealth under different prospects (value judgment), and eventually form wealth expectations. Therefore, wealth expectation mainly meets the other needs of the financial wealth value under the psychological needs of rural household borrowers. It is the result of value judgment on consumer credit in the psychological account. We can say that wealth expectation is the expansion of wealth connotation and extension. The expected result also reflects a decision made by the decision maker on whether there is a future default risk or repayment ability. As a specific mechanism for monitoring and controlling consumer behavior, mental accounts psychologically adjust consumption according to the valuation results and set consumption targets to be achieved. Therefore, the borrower's formation of wealth expectations through mental accounts will affect the farmers' consumption decisions. Therefore, the endogenous variable of the borrower's wealth expectations should not be exogenously processed for the construction of the consumption function. Only the wealth expectations can be incorporated into the behavioral decision function make the most practical explanation for the decision-making process of farmers' behavior. But what is the wealth expectation of consumer credit? How are wealth expectations generated and quantified? What is the mechanism by which wealth expectations affect farmers' consumption? Does consumer credit have a wealth expectation effect on rural household consumption? Existing research does not give clear answers to these questions, and the answers to these questions help to better release the effect of consumer finance on consumption.

Based on this, the paper clearly defines the connotation and extension of consumer credit wealth expectation and constructs the mechanism and quantification of wealth expectationin order to deeply analyze the process of wealth expectation of consumer credit and its impact on farmers' consumption decisions during financial activities. The method clarifies the logical chain in which wealth expectations affect farmers' consumption decisions. Accordingly, the thesis uses Probit and other quantitative analysis tools to explore the overall effect of consumer credit wealth expectations on farmers' consumption, and examines the consumer credit wealth expectations from the static and dynamic time dimensions, the survival dimension and the structural dimension of improved spending. Impact on farmers' consumption. At the same time, considering the regional and rural internal differences in our country, the paper further explores the heterogeneity of the effect of consumer credit wealth expectations on farmers' consumption, and analyzes consumer credit wealth expectations for farmers' consumption from different regions in east, middle, and west, and high, middle, and low income groups. Impact. In short, based on the theoretical analysis framework, the research hypothesis is proposed, and the CFPS data is used as the basis for statistical analysis. The main conclusions and innovations of the final paper are as follows:

The main conclusion of the study:

First, it puts forward the realistic background of wealth expectations. After obtaining financial support, farmers borrowers will worry about the uncertain consequences (prospects) of default in the future, and thus establish mental accounts to revalue the value of financial wealth under different prospects, ultimately forming wealth expectations. In short, borrowers will evaluate financial wealth based on changes in the economic environment to generate wealth expectations.

Second, it clarifies the connotation and quantitative methods of wealth expectations. Wealth expectation is the result of valuing consumer credit in mental accounts, which mainly meets the psychological needs of decision makers and is an extension of wealth connotation and extension. From the perspective of the process of creating wealth expectations, the size of wealth expectations is mainly related to the selection of reference points and the size of sunk costs.

Third, the logical framework of the expected effect of wealth is constructed. Wealth expectation mainly affects consumption scale through reference point effect and sunk cost effect, and influences consumption content choice through cognitive attributes and emotional response to wealth expectation. When wealth perception or optimism, farmers tend to improve consumption, while when debt awareness or pessimism, they tend to survive expenditure.

Fourth, it examines the overall effect of wealth expectations on farmers' consumption. The wealth expectation of consumer credit has a positive impact on farmers' consumption decisions. From the perspective of static and dynamic and scale, wealth expectations and farmers' consumption change in the same direction. From a structural perspective, the impact of wealth expectations on subsistence expenditure must be higher than improvement expenditure.

Fifth, he discovered the heterogeneity of the expected effect of wealth. The effect of wealth expectations on the consumption of rural households is heterogeneous in different regions and in different subjects: the effect of wealth expectations on the eastern region is higher than that of the central and western regions; the effect of wealth expectations on the high-income groups is higher than Low- and middle-income groups.

Research major innovations:

(1) Exploring consumer credit wealth expectations from the perspective of behavioral economics, enriching the connotation and extension of wealth. Starting frombehavioral economics, the paper finds that the borrower has obvious expectations of the future uncertainty of financial activities, and then re-judges the value of financial wealth under different prospects by establishing a psychological account, and finally forms wealth expectations. It can be said that the research on the wealth expectation generated by consumer credit has enriched the connotation and extension of wealth and made up for the deficiencies of traditional consumer credit wealth research.

(2) Constructed a theoretical framework of wealth expectations affecting consumptiondecisions, and laid a micro foundation for the effect of wealth expectations. The paper captures the borrower's expectations of the future uncertainty consequences (prospects), and proposes a quantitative method for calculating the final value of financial wealth and the aggregate wealth expectation under different prospects. It clarifies the logical chain of wealth expectations affecting farmers' consumption decisions. Concept definition-production process-quantification method-function path establishes a complete analysis framework for the analysis of wealth expectation effect, thereby laying a micro foundation for relevant empirical evidence.

(3) The existence of the expected effect of consumer credit on the consumption wealth of rural households is verified, thereby making up for the lack of research on the wealth effect of traditional consumer credit. The paper incorporates the borrower's psychological activity outcomes of consumer credit and wealth expectations as endogenous variables into the farmers' consumption

decision function. From the overall effect and heterogeneity to verify the existence of consumer credit's wealth expectations on the impact of farmers' consumption, we get astable and reliable conclusions, thus making up for the shortcomings of traditional consumer credit wealth effect research.

目　录

1 导论

本书从行为经济学视角来研究消费信贷的财富预期对农户决策的影响。因此，在进行实质性分析研究之前，需要就本书研究的背景与问题和目标与意义做出必要的说明，就本书的研究思路、整体分析框架及分析方法的可行性进行陈述，以创新的思维贯穿于整体研究过程中，只有这样才能更好地认识获得金融支持后的农户消费决策规律。

1.1 研究背景与问题

1.1.1 研究背景

随着金融供给侧结构性改革和普惠金融的快速发展，更多的金融资源向农村基层倾斜，极大降低了金融服务门槛，提高了农村家庭金融活动积极性，农户消费行为特征也表现出依赖信贷支持来实现目标函数最大化的倾向。从理论上看，金融市场借贷的难易程度将影响居民的消费行为（潘彬和徐选华，2009），因此，消费者面临的流动性约束一旦得到缓解，增加的财富的边际消费倾向便会使消费支出增长（Martin，2018）。因此消费信贷引致农户消费的影响效应研究成为学术界关注的焦点。消费信贷主要通过货币财富来影响农户消费决策，现有研究也大多聚焦于消费借贷对农户消费的物质（货币）财富效应分析，而忽略了对消费借贷过程中农户借款者复杂心理反应过程的捕捉。即现有研究主要建立在理性经济人假设之上，围绕消费信贷因跨期配置而引发农户不同的市场反应进行研究，在消费函数建立过程中将借款者（家庭消费决策者）的主观因素标记为外生变量，并把它们完全排除在决策模型之外，在遵循和追求效用最大化公理下探讨农户消费行为决策。但行为经济学研究表明，消费者并非完全理性，他们只能在决策过程中寻求满意解而难以寻求最优解，其行为也往往会偏离经典经济学理论中关于理性人的最优决策（Agarwal et al, 2017）。

理论上，消费者在感知经济环境、金融环境变化的同时，也在不断调整经济决策变量的未来期望值，从而采取适应财富变化的决策行为（沐年国，2010）。即在金融活动中，借款者①会根据经济环境变化（主要考虑是否有违约风险）调整金融财富的未来预期，从而采取与财富预期变化相匹配的家庭消费决策行为。对于农户而言，其主要面临生活性消费、生产性消费和交际（人情）消费，生产性消费可以为农户带来收益，回报相对稳定，而人情消费则会在未来以某种形式返回。和生产性消费、人情消费不同的是，生活性消费就是单纯的消费支出，消费活动并不会给农户带来经济收益或回报。考虑到农户收入的不稳定性，特别是在农村社会中的社会信用，在现实生活中，绝大多数借款人在金融活动过程中也会对未来风险担心，并会根据预期结果调整其消费支出②。因为收入不稳定及违约信用损失的严重后果警醒着借款者避免违约，因此农户借款者在获得融资支持前后都会对未来有无还款能力或者说是否违约产生预期，对这种未来不确定性后果［Kahneman 和 Tversky（1979）把这种不确定性后果称之为前景］的担忧使得借款者会对未来前景进行综合权衡，从而产生不同的财富预期，影响农户消费意愿进而影响消费决策。这是因为消费意愿作为衡量消费者是否会产生购买行为的重要指标（Newberry et al., 2003），其程度直接决定了消费主体如何采取消费行为以及采取特定消费行为可能性的大小（Ajzen，1991）。古典经济学家杰文斯也指出，对于商品效用的解读应该从主体与客体之间的心理因素与精神因素交互感受来权衡。除此之外，虽然理性个体的理性行动会自在地演绎出经济世界的各个具体环节和均衡秩序（程恩富和胡乐明，2002），但思想认知观念会对个人理性行为的不足起调适作用（哈耶克，1997），即居民的心理因素认知偏差往往会导致决策偏差，继而会出现系统性的非理性行为（Kahneman 和 Tversky，1979）。这是因为人们在决策过程中容易受到信息、情感等因素影响形成认知偏误，从而对决策行为产生认知效应（Tversky 和 Kahneman，1981）。

综上，农户借款者在金融活动过程中是否会对未来产生财富预期？消

---

① 本书中的借款者主要为农户中有消费决定权的决策者。
② 详细的调查数据见后文 4.1.1。

费信贷的财富预期是如何产生的？财富预期又是如何影响农户消费决策的？①消费信贷对农户消费的财富预期效应是否在不同区域和不同主体上呈现异质性？借款者对财富预期的认知差异是否会引致决策行为的异质性表达？对这些问题，现有研究并未给予明确的解答。

1.1.2　研究问题

综上所述，农户消费决策者在面临预算约束时，通过金融市场获得必要的融资支持来缓解流动性约束，进而提升农户消费能力，这一路径为启动农村消费市场提供了重要政策突破口。现有研究表明，信贷促进农户消费主要有两条作用渠道：一是消费信贷通过时间上的跨期配置实现平滑消费；二是通过资金的投资再配置实现财富增值，进而影响消费。显然，消费信贷是帮助农户决策者实现资金的跨期配置，即消费信贷主要通过财富的时间配置来影响农户消费决策，不仅如此，农户借款者还会根据经济环境变化产生财富预期进而影响到家庭消费决策。现实情况表明，传统研究仍以理性经济人为前提来分析农户消费决策，而未考虑到借款者的心理活动及认知等非理性因素。通过传统视角而忽略借款者内心活动来研究消费信贷与农户消费，从研究框架和研究内容上看存在明显的遗漏之处，据此得出的研究结论必然是不全面的，这也解释了基于传统研究而衍生出的政策都无法解释消费信贷配置非最优之谜。

农户借款者存在着非理性的心理账户的构建，并会根据财富预期结果从心理上对消费预算进行调节，从而实现与财富预期相匹配的消费支出效用。基于此，聚焦于消费信贷财富预期的形成及其影响农户消费的作用机制。具体而言，本书研究主要围绕以下四个方面：

（1）财富预期的内涵。这里主要围绕三个问题：消费信贷财富预期的概念是什么？财富预期是否存在以及和物质财富及其他虚拟财富有什么区别联系？借款者对财富预期又会形成哪种认知标签？

（2）财富预期产生的内在机制和量化方法。在金融活动过程中，农户借款者通过未来经济环境变化而形成未来财富预期，消费信贷过程中财富预期是如何产生的？对于财富预期又是如何量化的？

（3）财富预期影响消费决策的逻辑链条。财富预期作用于农户消费决

---

① 本书所指的消费仅指生活性消费，不包括生产性消费和人情消费。

策的内在机制是什么？即财富预期是如何影响农户消费支出规模和消费支出结构？

（4）财富预期的消费效应差异。财富预期对农户消费的影响效应在静态与动态、规模与结构、区域差异与主体差异上是否存在明显的差异？

基于以上论述，需要强调的是：第一，本书的研究核心对象是消费信贷产生的财富预期，关键在于把握财富预期概念的科学界定、产生机制及量化。第二，本书着重论证财富预期对农户消费行为决策的影响，以弥补传统研究仅就消费信贷功能效应进行研究的不足。因此，厘清财富预期影响农户消费决策的内在机制成为进一步研究消费信贷财富预期影响效应的关键。

1.2 研究目标与意义

1.2.1 研究目标

作为社会再生产的重要一环，消费在促进我国经济快速、平稳、健康发展方面发挥了不可替代的作用，扩大内需不仅是实现经济内生增长的根本动力和立足点，更是经济长期发展的一项重要战略安排。持续启动农村消费市场是扩大内需的重要突破口和关键发力点，因此，在农村金融改革持续推进的背景下，在农村金融资源配置不断优化的同时，增加农户消费可提高金融资源配置的有效性。和传统经济学视角下消费信贷的功能效应研究不同，本书从行为经济学角度来重新解释消费信贷对农户消费的影响效应，深入剖析农户借款者的心理反应及消费信贷财富预期的创造过程，把握财富预期影响农户消费的理论脉络，力争创新和重置提升消费信贷的配置效率的政策矩阵。本书的研究目标可归纳为以下三点：

（1）构建消费信贷财富预期产生的理论机制，为研究消费信贷的财富预期效应奠定了科学基础。伴随理论研究的深入和经济环境的变迁，农户决策者对财富的认知逐渐深化，从传统的土地、货币、资产等有形财富，扩展到信用、声望等无形财富，近年来行为经济学派更是将预期财富变化形成财富预期纳入财富预期范畴中。因此，可以说财富预期是虚拟财富内涵和外延的拓展，财富预期的产生是以行为经济学科学理论为来源背景。然而，学术界对财富的认识还停留在传统的物质财富上，而忽略了财富内涵的传承与演变。为此，本书将以对财富预期内涵的理论体系构建作为逻辑起点，为后续消费信贷的财富预期效应的研究提供科学基础。

（2）剖析财富预期影响农户消费行为决策的逻辑链条，为释放消费信贷的功能效应提供理论基础。消费不足会引起社会各界的广泛关注，流动性不足会致使消费疲软在某种程度上成为一种共识，加大农村金融供给，增加农户财富，自然成为带动农户消费重要的政策选择。然而在财富理论和内涵已发生改变的前提下，如果还仅仅从传统财富观来研究农户消费行为选择，其结果必然是不完整的，自然无法解释低消费之谜，也无法有效解释消费金融资源配置非最优之谜。因此，鉴于财富新的内涵与形式，重视和发挥财富预期对农户消费行为决策的影响，更要梳理出财富预期影响农户消费行为选择的深层次原因，为消费信贷财富预期消费效应的释放奠定理论基础。

（3）优化以提升信贷资源配置效率为导向的政策配置，提高以消费信贷配置效率为中心的政策措施的精准度和效率。以本书研究的理论分析与实证验证结果为基础，从农村消费市场基本情况出发，考虑到真实财富与财富预期消费效应的差异性，以传统经济学和行为经济学为理论基础，提出符合提高消费信贷资源配置效率的政策建议和措施。

1.2.2　研究意义

1.2.2.1　理论意义

第一，深化了财富内涵。财富作为重要的物质基础，是人类赖以生存和发展的关键，是满足人类生理需求和心理需求的重要来源。长期以来，农户的财富观念往往囿于经济意义上的物质财富，而忽略了非物质财富。由于主观和客观条件的限制，居民对财富的认知不可避免地表现出一定的狭隘性和静态性（杨娟和贺巍，2012）。随着经济环境的改变以及人们对财富认识的深化，人们开始弱化对物质的需求（Negishi，2014），更加注重主观心理需求，传统的物质财富观很难全面诠释财富的内涵（彭定赟和张飞鹏，2016）。财富的特征逐渐泛化，形态更加多元化。基于人的价值观，财富被赋予不同的内涵和新的维度，更为重要的是，财富作为满足人们心理功能的属性引起社会的广泛关注。消费信贷产生的物化财富或者货币财富已成为人们研究的焦点和重点，但农户借款者在消费信贷过程中会产生复杂的心理活动，对未来经济环境变化形成财富预期，消费信贷产生的满足人们心理需求的财富预期也不应该被遗忘。农户为特殊群体，由于其收入不稳定性、信贷约束等，其更容易因担忧未来违约有损社会信用而对消费信贷的价值重新进行评估，从而形成财富预期。因此，从某种程度上说，从行为经济学视角来研究消费信贷的财富内涵进而抽象出财富预期概念，是对原有经济学内涵的有益补充，拓宽了虚拟财富理论研究领域，丰富了财富的研究内容。

第二，构建了财富预期影响农户消费决策的理论框架。消费信贷对农户消费的物化财富效应是学术界研究的中心，其作用机制主要通过时间配置效应来影响消费决策。但和物化财富不同的是，财富预期是借款者通过构建心理账户并对消费信贷进行价值核算的结果。心理账户体系往往会遵循一些有悖于经济学运算规律的潜在心理运算规则（Thaler，1999），并经常以非预期的方式影响居民消费选择。也就是说，在财富预期视角下的消费信贷影响农户消费的作用机制都发生了改变。大量行为经济学研究表明，财富预期主要通过沉没成本、认知、情绪等来影响消费行为选择。本书从机制上构建了财富预期影响农户消费的理论机制，为后续农户消费研究甚至拓展到一般居民的相关消费研究提供了借鉴和参考。

第三，拓展消费信贷的财富效应研究。消费信贷对农户消费的研究重点在于物化（货币）财富对消费的影响，即直接向消费者提供信贷资金缓解流动性约束，或通过投资获得收益来增加消费能力。然而正如前文所言，财富的内涵和形式已发生明显的变化，基于传统物质观来研究消费信贷的财富效应在内容上存在明显的纰漏，其研究结论并没有完全刻画出消费信贷的财富效应，自然其结论无疑降低了实证研究对现实情景的解释力。这是因为，在现实研究中，社会各界往往关注消费信贷的物化（货币）财富而遮掩了其财富预期。换言之，消费信贷对农户消费既产生物化财富效应，同时也会产生财富预期效应。因此，从某种程度上看，本书研究消费信贷对农户消费的财富预期效应，是对原有物化财富的一种拓展和补充，并没有否认物化财富效应的存在，反而是从行为经济学视角更加注重行为个体心理反应对其行为的影响。

1.2.2.2　实践价值

第一，有助于从全新视角来认识金融活动过程中农户借款者的心理活动。借款者在获得消费信贷支持后，出于对未来是否有能力还款而面临社会信用损失的担忧，其会通过经济环境变化而对未来财富产生预期。显然，对于借款者而言，在获得信贷支持来满足农户家庭消费效用时，更会对金融活动的未来不确定性前景进行价值判断。

第二，有助于正确、全面地认识消费信贷的财富效应。行为经济学基于心理学理论解释了经济个体的一些典型非理性行为，因此可以说，行为经济学视角下的财富预期对农户消费的作用机制和物化财富影响是明显不同的。虽然财富预期是以物化财富为载体和基础，但财富预期主要是满足心理需求来影响消费行为决策，并且消费信贷的财富预期效应表现出规模差异性、结构差异性、主体差异性和地区差异性等特征。可以说，本书构建的理论作用机制以及实证结论为实践中的政策导向提供了着力点和发力点，可以最大化发挥消费信贷的财富效应，实现金融资源价值的最大化。

1.3 研究内容与思路

1.3.1 研究内容

基于提出问题→理论研究→实证检验→政策建议的研究思路，本书研究的主要框架如图 1.1 所示。

第 1 章，导论。主要对本书研究的背景现实、研究问题的本质、研究的目标等方面进行简要的介绍，从而捕捉到本书研究的关键问题，构建起本书的总体分析框架。

第 2 章，理论借鉴与文献综述。对当前与本书相关的最新研究进行追踪与梳理，找出现有研究的遗漏选项，并根据现实问题挖掘出现象产生背后的理论来源，从而形成本书的研究理论基础。

第 3 章，理论构建与分析框架。对消费信贷过程中产生的财富预期进行科学界定，并分析了财富预期与物质财富的区别与联系，以此作为本章逻辑分析的起点。基于此，再对财富预期如何影响农户消费决策进行分析，从而构建出消费信贷财富预期效应的微观基础。

第 4 章，财富预期与农户消费：总体效应分析。在对财富预期进行科学界定前提下，运用微观数据进行量化，就消费信贷对农户消费的财富预期效应进行总体实证检验，为后文的政策优化奠定科学论证基础。

第 5 章，财富预期与农户消费：异质性分析。在对财富预期效应进行总体分析基础上，就消费信贷对农户消费的财富预期效应进行异质性实证检验，进一步丰富相关实证研究。

第6章，研究结论及政策建议。对前文相关结论进行总结归纳，并在此基础上提出提高消费信贷获得性、降低金融服务成本等释放消费信贷财富效应的应对措施。

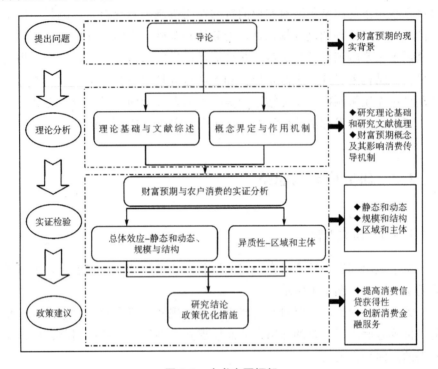

图 1.1　本书主要框架

1.3.2　研究思路

本书以传统经济学和行为经济学理论为基础，以农户获得消费信贷支持为背景，探讨了消费信贷过程中财富预期的形成过程，构建了财富预期富影响农户消费的机理脉络，并通过实证验证了财富预期的消费效应，并以此为基础提出夯实经济基础、加大金融供给等政策优化措施。本书的研究思路如图 1.2 所示。

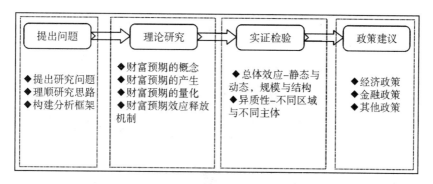

图 1.2　本书的研究思路

具体来说，首先，在现象分析中，主要包含研究问题、研究思路和分析框架；其次，在理论研究中，主要介绍财富预期的概念、产生过程和量化方法以及财富预期影响消费的作用机制；再次，在实证检验中，主要从总体（静态与动态、规模与结构）和异质性（不同区域与不同主体）两个维度进行展开；最后，在政策建议中，依据经验分析结果，提出有针对性的建议。

1.4　研究方法与创新

1.4.1　研究方法

本书基于现实背景和研究需要，遵循"提出问题→理论研究→实证检验→政策研究"的研究思路，在理论框架构建基础上，选择适当的方法来进行验证，从而为政策选项提供科学可行性的依据。总体而言，首先，在理论框架上，对农户消费者行为进行研究不再局限于传统的经济学范畴，更多应从行为经济学视角来探讨消费信贷的财富效应，因此在理论框架的构建上，将经济、金融、心理学等学科纳入统一的分析架构内，尽可能对金融的财富效应形成整体认识，为实证分析奠定充分的理论基础。其次，在方法选择上，鉴于农户消费行为决策的复杂性，本书采取多种分析方法相结合的方式，力争获得稳健的研究结果。总之，本书研究技术手段见图 1.3。

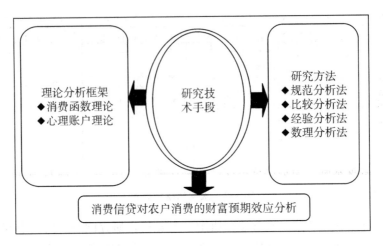

图 1.3 本书研究技术手段

1.4.2 创新探索

和已有研究相比，本书创新点在于：

（1）提出了消费信贷产生财富预期，丰富了财富的内涵和外延。财富具有满足行为人某种需求的属性，显然，消费信贷不仅能够创造物化（货币）财富，同样也可以产生财富预期（虚拟财富）。研究表明，由于收入不确定性导致未来违约担忧，农户借款者存在着心理预期活动，在获得消费信贷的过程中，借款者会下意识地构建心理账户并对信贷货币财富进行核算，在此过程中主要是对未来不确定性后果（前景）的价值判断形成财富预期。很明显，借款者的非理性行为即心理预期活动造就了财富预期的产生，财富预期以消费信贷的物质财富为前提，所以说财富预期并不是一种虚构的财富。本质上看，财富预期是以货币财富为载体，只不过是给货币财富赋予了某种心理需求属性。因此，财富预期可被视为财富的一种拓展。

（2）厘清了财富预期产生的内在机制，有助于财富预期规模的精准量化。Thaler、Kahneman 等行为经济学派认为，心理账户普遍存在于每个人内心世界中，建立心理账户是每个消费者的下意识行为。行为人会根据财富来源及难易程度而对财富进行记账、编码、估价，这就是心理账户构建过程。心理账户的核心内容是基于前景理论（Kahneman 把经济行为的不确定性后果称之为前景）而对财富进行评估。前景理论主要是基于价值函数和决策函数而对财富形成价值判断，对前景的设定尤为重要。前景事件的设置遵循两个原则，一是事件的对立性，即事件之间是非此即彼的关系；二是事件的完备性，即各事件发生的概率之和为1。以心理账户为基础并结合借款者的现实场景，农户会将借款行为的未来不确定性后果设定为能正常还款（履约）和不能正常还款（违约）来对财富进行价值判断，这也为精准量化出财富预期规模指引了方向。

（3）构建了财富预期影响农户消费的逻辑框架，奠定了财富预期效应研究的微观基础。消费信贷不仅产生物质财富，还会产生财富预期，但二者影响农户消费的机制不同。物质财富主要通过会计账户来进行预算分配，消费信贷的物质财富对农户消费的影响主要通过时间效应，即通过跨期配置来作用于农户消费行为。与物质财富不同的是，财富预期主要通过心理账户来对未来形成预期，或者说，财富预期是对未来风险的一种研判，通过预期结果最终影响到消费行为决策。具体而言，财富预期主要通过参照点效应和沉没成本效应影响消费支出规模，通过认知匹配效应和情绪标签效应来影响消费支出结构。明晰了财富预期影响农户消费决策的内在机制，从而为财富预期效应的实证检验奠定基础。

（4）探讨了消费信贷对农户消费的财富预期效应，弥补了传统消费信贷研究的不足。现有研究主要围绕消费信贷的直接效应，然而关于消费信贷对农户消费的财富预期效应的研究更是鲜有涉及。虽然有行为经济学派认识到财富预期对居民消费行为的影响，但相关研究还缺乏实证检验的支持。基于此，文章通过使用Probit半参数估计方法来检验财富预期影响农户消费支出的可能性，并分别从总体效应（静态与动态、规模与结构）和异质性（区域与主体）两个维度验证了财富预期效应的普遍性，从而在理论上完善了消费信贷财富效应的研究，为金融影响消费财富效应的研究注入了新的元素。

2 理论借鉴与文献综述

前文虽然对本书研究的背景与问题和目标与意义进行了简要的概述，但并未就本书研究在所引用理论体系中所处地位及作用做出清晰说明。因此在对消费信贷财富预期的消费效应进行实证检验前，需要对农户消费等相关理论和现有研究成果进行回顾和梳理。明确经济学相关理论的发展脉络，从而为本书实证研究提供丰富的理论基础和来源，同时也把握现有研究的特点和不足，为下文理论体系构建和实证研究设计等相关主题的演绎做好铺垫。

2.1 相关理论借鉴

2.1.1 消费函数理论

相较于一般意义上的居民，农户消费虽然有自身的特点，如农户不仅有生活性消费，还有生产性消费和人情消费，每种消费背后都有不同的理论基础，但面临生活性消费时，传统经典理论仍然是研究农户消费的重要基础（杨新华和孙海波，2010）。虽然居民消费思想理论脱胎于社会实践，具有一定的独立性，反过来指导着社会实践发展。西方经济社会的发展为消费理论的发展和研究提供了客观基础和条件，其经济社会发展的需求也助推理论的进一步发展。从时间的维度看，西方消费理论经历了古典消费思想、新古典消费思想和现代消费理论的演进与更迭①。

2.1.1.1　古典消费思想

亚当·斯密的《国民财富的性质和原因的研究》（简称:《国富论》）的提出，揭开了重商主义的历史序幕，开启了西方经济学的征程。重商主义时期为古典消费思想的发展奠定了肥沃的土壤，这一时期也取得了积极的成果。重商主义时期很多学者对消费问题进行了开创性的探讨，他们认为消费品是财富的重要组成部分，为了增加资本积累，致力于通过国家权势来干预消费，提倡节俭，反对浪费并限制从国外进口奢侈品，对消费行为予以课税，从而达到使居民消费行为更加合理的目标。同时还鼓励贸易保护，扩大出口减少进口以节省财富。重商主义时期，关于消费的研究取得了丰硕的成果，虽并未形成系统化的消费理论，但不可否认其在经济思想史上的重要贡献。古典消费思想在充分吸收重商主义时期消费思想的基础上，积极探讨国民财富形成的原因和制约条件，更加重视对财富的研究，使经济学发展成为一门独立的学科。和重商主义思想相比，古典经济学非常重视经济发展中消费的作用。某种程度上，古典经济学消费思想既是对重商主义时期消费思想的一种继承和发扬，也是一种发展和完善。总结起来，古典经济学派消费思想的主要集中在两个方面。

一是对主要消费思想的论述。消费思想的研究在古典经济学研究领域中占据大量篇幅。从古典经济学的社会背景看，工业社会初期是资本原始积累和创造财富的重要阶段，因此，如何扩大生产促进资源的流通成为社会关注的重点。消费作为国民生产体系中的一个重要环节，其是否促进了生产以及财富的积累成为人们研究的焦点。

基于人们消费内容对财富创造的贡献度的差异性，威廉·配第认为生活性消费是针对现有财富的，不利于财富的创造以及利润的积累，最终不利于生产。亚当·斯密进一步指出，社会财富用于生活性消费越多，用于

---

① 经济学中所提及的居民是指作为一般意义上的消费主体，主要包括个体和家庭。但和一般居民相比，农户家庭又有自己的特殊性，农户既是生产单位，也是消费单位。农户的特殊性表现在农户消费支出构成，主要有生产性消费、生活性消费、人情消费。显然，农户消费的重要基础是经济收入，在这方面无论是个体还是家庭并无本质区别，学术界研究居民消费的理论基础仍然是适用于家庭（农户）消费。事实上，国内学者朱信凯（2003）、李谷成（2004）、骆晨（2011）、彭小辉和史清华（2013）、臧旭恒（1994，2005，2018）、骆祚炎（2010）、邱黎源和胡小平（2018）、杭赋（2016）等在研究家庭（农户）生活性消费时的来源仍然是传统经典消费理论，因此，本书也以经典消费函数作为研究农户生活性消费的理论基础。当然，在叙述理论过程中，本书并未详细区别居民和农户。

生产性的财富积累就越少，后果是用于社会再生产性的财富显得明显不足，最终不利于国家财富的增加。同重商主义一样，古典消费学派也重视财富的积累，提倡节约反对铺张浪费。但与之不同的是，古典学派并非盲目地反对奢侈品消费，而是反对过度进行非基本必需型消费，因为这样会占用过多的财富资源从而减少社会扩大再生产。古典经济学派提倡将更多的财富用于生产性消费进而扩大再生产，从而创造更多的财富。因此，把有限的资源用于生存性消费还是用于生产性消费，不仅关系到消费者个体的幸福感，同时还关系到财富的积累甚至是国家的未来。布阿吉尔贝尔指出二者如果不能取得平衡处理，生活必需品一旦无法实现正常的消费，那么必然给国家带来不利的状况。亚当·斯密认为节俭在社会再生产方面的作用是增加资本量，进而促动着财富的创造。和亚当·斯密观点相似的是，大卫·李嘉图主张创造财富，减少非生产性消费，不提倡寄生性消费。威廉·配第甚至认为过量消费会导致过多的消费支出，进而降低劳动积极性，从而阻碍劳动效率的提高。

鉴于消费尤其是生产性消费在财富创造以及社会再生产过程中扮演的重要角色，古典消费学派也力争通过国家的制度力量对居民消费行为进行调节。税收不仅承担着为国家公共物品提供筹资的功能，同时还能调节微观经济主体的经济活动，是调节财富分配进而调控消费的一种重要的有效手段。威廉·配第认为通过税收调控可以实现财富的最优配置，将资金从奢侈性过度消费的居民手中转移到从事生产性消费群体中，在社会资金存量不变的前提下，通过税收实现财富的最优配置，最终达到促进生产的目的。此外，他还认为税收体现了一定的公平性和科学性，消费课税的标的是消费品，对消费行为征收可以促使人们更加节俭，从而有利于财富的积累。亚当·斯密认为应针对消费品的差异性而采取不同的税收政策，对生活必需品征税，可以使得这类消费群体更加节俭，从而更加远离奢侈品，有利于财富的积累；同样，对奢侈品征税，但不一定会使劳动工资增长。但大卫·李嘉图却认为消费者具有理性预期，在政府公共支出和外债规模一定的前提下，征税行为对居民消费行为的影响几乎可以忽略不计。

二是消费影响因素的分析。古典经济学研究的重心在于居民消费的性质，和重商主义强调消费在贸易中的作用不同，古典经济学把消费看作生产的有机构成。除此之外，古典经济学派还对影响居民消费的制约因素进行了深入研究。

首先是经济因素。古典经济学派认为收入是影响居民消费的首要因素。亚当·斯密认为，不管是生活性消费还是生产性消费，居民在商品市场中的消费水平的高低都要依赖于其工资报酬的多少，个体可支配收入的多寡直接决定着其消费支出。除了收入以外，古典经济学家也注意到税收是影响居民消费的另外一个经济因素。税收主要通过两种渠道来影响居民消费：一是直接减少居民可支配收入，从而降低居民消费能力；二是通过影响消费品价格，提高商品价格，进而影响到居民消费。亚当·斯密认为通过对商品进行征税，商家会把税收转嫁给消费者，从而减少居民对商品的需求。布阿吉尔贝尔注意到增加税收对消费的挤出，强调带动消费增加的基础是变革税制。

其次是社会因素。影响居民消费选择的主要社会因素是消费习俗，在长期的经济社会活动中形成了反映区域或民族特色的消费特性，地区消费习惯也会对居民消费决策带来影响。在对消费者行为选择的长期观察跟踪中，亚当·斯密也肯定了不同时期风俗习惯对消费存在影响。不仅是亚当·斯密，西斯蒙第在长期的研究中也发现了消费习俗会影响个人偏好的选择，他认为人们需求的多样性必然带来偏好的差异性，而偏好会随着时间的更迭而改变，因此，进而影响到消费行为的选择。

2.1.1.2　新古典消费思想

建立在手工业基础上的古典经济学顺应了当时经济社会发展的需要，然而，随着资本主义在与封建主义的势力博弈中逐渐占据上风并取得统治权，其经济社会形态发生了很大变化，残留着封建思想的古典经济思想很难契合新时期经济社会发展的需要，经济理论对现实经济的指导作用没有充分释放。

随着经济环境的改变以及学科交叉的发展，更多学者从自身的数学、统计学学科背景来研究居民消费行为，为居民消费研究注入了新的元素。特别是具有代表性的学者威廉·斯坦利·杰文斯（英国）、里昂·瓦尔拉斯（法国）、卡尔·门格尔（奥地利）运用数学分析工具探讨消费者行为进而形成系统化的边际效用理论。伴随心理学分析方法的引用，边际效用研究更加丰富，边际效用理论体系不断得到完善和优化，边际效用理论指导现实更加适用化和普遍化。边际效用学派的核心内容包括效用论和序数论。在效用论中，门格尔等边际学派认为效用"就是一物用以满足人类欲望的能力"，效用是具有主观性且可测量的。居民消费行为的主要目的是实现效用最大化，但其效用却符合边际递减规律。与边际效用不同的是，帕累托经过长期的观察认为效用仅仅是消费者主观上的满足程度，并不能进行清晰的界定同时也不能进行数字量化，但可以根据满足程度的大小进行比较排序，并用无差异曲线刻画人们的满足程度大小。总之，边际效用理论学派对经济学研究的重点聚焦于消费，重视消费国民经济运行中的主导作用，并且将更多数学分析运用于分析消费者行为，演绎方式更加侧重于图表和数学表达，从而形成了边际效用理论。这成为后期微观经济学中消费理论的重要研究内容，特别是随着研究工具的丰富、研究分析方法的发展极大地促进了新古典消费理论的发展。

以边际效用理论为基础，新古典经济学派进一步丰富和发展了消费理论。和古典经济学以劳动价值理论为核心不同的是，新古典经济学则以效用理论为基础，大量运用数学分析工具进行效用分析而不是总量分析，并且研究的重点也从如何对国民财富进行创造积累转移到在一定约束条件下的资源配置最优化问题。阿尔弗雷德·马歇尔于1890年在其著作《经济学原理》提出了需求表和需求曲线等重要概念，开启了新古典经济学研究的序幕。希克斯在其《价值与资本：对经济理论某些基本原理的探讨》中详细叙述了主观价值思想，从而明确了新古典消费模型中的分析框架。

2.1.1.3　现代消费理论

资本主义发展导致经济危机发生后，西方社会普遍出现需求消费不足的经济现象，原有的经济理论体系已不能适应新形势发展的需求，迫切需要新的理论为解决消费需求不足问题提供破解思路。客观环境的改变推动着经济消费理论的发展，在各种学科思想交汇叠加和技术进步的背景下，消费经济学逐步发展成为一门独立的经济分支。现代消费理论主要研究消费在宏观经济发展中的作用，并探讨影响居民消费的主要限制性因素。

（1）绝对收入假说。凯恩斯在其著作《就业、利息和货币通论》中开创性地提出了基于收入视角下居民消费行为选择，他认为当前可支配收入支撑着当期消费，强化了当期收入对当期消费的基础作用。收入的增加带来消费的增加，但收入的消费边际倾向是递减的，即消费会随着收入的增加而增加，但单位收入中用于消费支出的比重会降低。也就是说，人们的边际消费倾向是向下倾斜的。从这个角度看，居民当期可支配收入直接决定着当期支出状况，收入的多寡就意味着支出的规模大小，不仅如此，除了当期可支配收入以外，其他对收入产生影响的因素也构成影响支出的重要因素。但与可支配收入的影响相比，收入以外的不确定性因素对消费者行为决策影响有限。绝对收入理论基于短期视角来探讨消费者行为决策，并未从长期来考虑收入预算。放眼更长的时间跨度，除了当期可支配收入以外，持久性收入、社会因素、心理因素等其他因素都在某种程度上影响到消费者行为决策。从微观层面看，启动居民消费的关键点在于当期可支配收入。从宏观层面看，基于经济危机发生的深层次原因，凯恩斯提出了国家干预思想。通过深层次剖析经济危机的根源，凯恩斯发现引起经济危机的重要来源是宏观需求不足，此时需要依靠国家力量而非市场力量激发市场需求以便实现充分就业，通过国家干预可以快速地激发市场需求实现充分就业。与微观层面增加居民收入相对应的是，宏观层面应该通过社会保障转移支付的形式加大调整国民收入分配，夯实消费者决策的物质基础。只有提高消费决策者的消费能力，才能使潜在需求转变为有效需求，最大化改善消费不足的窘境，经济才能走出低谷，实现经济发展。在经济危机的阴影下，众多国家采取凯恩斯的经济思想迅速实现了经济发展，其基于国家干预的思想也被众多国家接受。但遗憾的是，在绝对收入理论中，理论仅强调当期收入在消费中的重要角色，而忽略了未来收入和预期对消费者行为决策的作用。基于这一思想指导下的行为决策很难实现生命周期内的效用最大化。

（2）相对收入假说。和绝对收入假说不同的是，相对收入假说更加强调相对收入的作用，或者说相对收入兼有短期和长期视角。在短期内，消费函数可表示为：$C = a + bY$。随着收入的增加 $Y_0 = Y$，长期消费函数可表示为：$C = Y_0(k - b) + bY = kY$。相对收入是指相对于他人或自己过去的收入，显然，消费者的决策行为除了受当期可支出收入的影响以外，还会受到相对收入的影响。不仅如此，居民的"示范效应"和"棘轮效应"也在某种程度上发挥着作用。其中，示范效应是指消费者行为决策受到周围其他消费者行为的影响；棘轮效应是指居民消费决策受到以往消费的影响，或者说居民的消费决策受到惯性作用，而这种消费习惯对消费决策的内在推动力在短期内是不可逆的，消费习惯形成后往往具有固化性，不容易更改。显然，消费者在决策时，当周围居民消费时会对自身消费决策产生无形的作用，示范效应也促使消费者做出和周围群体相似的消费决策；当种种原因而导致收入下滑时，以往消费习惯棘轮效应的存在使得居民消费决策时不至于出现和收入同比例减少的情况。

（3）生命周期和持久收入假说。和绝对收入和相对收入假说不同的是，在强调消费者追求效用最大化和最优选择的基础上，莫迪利安尼和弗里德曼提出生命周期和持久收入假说。他们认为：收入是消费者决策的重要物质基础，但消费者行为决策除了要考虑当期收入以外，还要考虑其在生命周期内拥有的财富存量和收入。这和绝对收入假说有细微的差别，不仅强调收入的作用，同时还强调财富对消费的影响。将居民在生命周期内的财富纳入决策函数中，才能实现消费者跨周期消费，最终实现一生效用最大化。因此，从这个角度看，居民要想实现消费效用最大化，应综合配置其拥有的收入和财富。

（4）预防性储蓄理论。和绝对收入假说、生命周期和持久收入假说不同的是，预期性储蓄理论更加重视不确定性对消费者行为决策的影响。预防性假说认为，居民消费主要依赖于其收入，但由于未来收入具有不确定性，因此消费者在决策时会由于未来收入不确定性预期而调整消费。具体就是，居民在消费时会担忧未来收入不确定性，一旦未来收入出现波动，消费支出必然也会随之波动，从而带来消费不确定性，基于这样的考量，行为评估因担忧未来收入不确定性，从而减少当期消费支出，增加当期储蓄。从未来不确定性看，居民对自身消费资源进行重新配置，增加储蓄，减少当期支出，是决策者预期未来风险下的行为决策。人们将收入中用于储蓄的规模取决于居民预期到的风险程度，未来收入不确定性风险越大，其减少消费增加储蓄的动机就越强；反之，则相反。Leland（1968）在其著作《储蓄和不确定性》中对预防性储蓄的产生条件进行了详尽的分析。

（5）流动性约束理论。大量消费理论研究都表明，无论是当期收入还是持久收入都制约着居民消费。换言之，消费者都会面临预算约束。一旦自有资金无法平滑其消费，消费者都可以借助于自身的禀赋从外部金融市场来缓解资金约束，这也是生命周期假说和持久收入假说设定的场景。然而，现实场景和理论逻辑并不吻合而出现了偏差。现实中人们并不能在任何时候都满足融资需要，由于各种原因，消费者通过金融市场供给主体获得融资时往往受到诸多限制，这就是信贷约束或流动性约束。在市场经济中，众多因素影响居民从金融市场获取的信贷支持。原因大致有三类：一是从资金需求方来看，借款者自身财富限制，无法提供必要的抵押资产来获得融资；二是从资金供给方看，金融市场中的道德风险和逆向选择阻碍着信贷资源的有效供给；三是从资金中介方看，消费信贷市场发展滞后，提供的金融产品无法满足消费需求。当消费者收入水平下降时，如果外部资金支持受到限制而不能改善预算约束，那么消费者必然会减少消费支出；当然，即使当期收入没变化，而如果消费者预期未来收入减少时，通过理性分析未来财富缩水，未来收入保障面临不确定性，跨期流动性约束同样会减少当期消费，增强未来支付能力。

2.1.1.4 简要评述

伴随经济环境的变迁，映射生产关系的消费理论也由萌芽状态逐渐发展完善、成熟。从开始依附于经济学到最后发展成为独立的分支，从如何促进宏观财富的创造到提高资源的微观生产配置效率，消费理论体系对居民现实消费的揭示越来越丰富，对经济发展的指导作用愈发凸显。一方面，社会的变革与需求成为消费理论演变的内源拉力；另一方面，消费理论的发展与完善也是经济社会进步的外源助力。

从消费理论的演进历程看，学术界对居民消费行为的认识更加深入，从消费的贸易属性再到消费的财富属性到消费的生产属性，这一演绎过程诠释出居民消费研究的重要性和价值性。对居民消费行为的研究更加丰富，从资本主义初期的原始资本积累阶段开始，到后来的古典经济学以及资本主义成熟时期，收入都被视为影响居民消费的关键因素。尤其是形成了以凯恩斯为主体的分析框架，后续的研究大多基于凯恩斯的需求理论为基石进行拓展，并衍生出多学科多领域的消费理论。然而从居民消费理论的实践背景来看，西方消费理论是以西方资本主义社会发展为轴线，反映了时代特征和需求，有力地促进了西方经济的发展。反观国内，西方消费理论在我国是否具有普适性却引起学术界的广泛关注。我国学者朱信凯、骆晨（2011）认为西方消费理论在我国的适用具有阶段性，绝对收入理论在改革开放以前的指导作用比较明显，而改革开放以后的作用效应则不是很突出。换言之，绝对收入消费理论仅仅适用于前期而不适用于后期；相对收入假说中的棘轮效应和示范效应可以在一定程度上揭示我国居民消费现象和规律，但贫富差异的扩大抑制了示范效应的发挥，示范效应仅仅存在于同一阶层，而对于贫富悬殊的两个阶层来说，他人消费的示范效应在式微；绝对收入、预防性储蓄假说等理论大都建立在西方发达的市场经济上，和西方相比，我国在经济发展和制度建设上都有明显的区别，因此，消费函数的构建要结合我国国情，而不能直接用西方消费理论来指导我国实践。

西方消费理论的发展，也成为我国学术界重点研讨和跟踪方向，结合中国国情的西方经济理论在社会生产方面并发挥了积极作用，但随着经济环境的改变，我国的居民消费开始呈现疲软态势，出现居民低消费的未解之谜，目前也尚无破解之道，无疑降低了消费理论的解释力。值得庆幸的是，心理学与经济学交叉学科的兴起开创了行为经济学研究的先河，使对居民消费行为的研究从传统的外部宏观经济因素切换到内部微观心理因素，抓住消费者内心活动规律，行为经济学为研究消费理论的研究提供了新的视角，丰富了消费理论研究内容。从而值此背景，理论的发展方向必须以现实需求为导向，通过学科交叉多维度对居民消费现象进行深入的解读和研判，挖掘引致消费低迷特别是消费信贷资源配置低下的背后原因，并积极利用最新的技术方法来为实证分析提供支持。

2.1.2 心理账户理论

伴随着消费理论的演进，消费理论研究视角更加多元，然而传统以经济为中心视角的消费理论无法解释现实居民低消费的原因。鉴于此，行为经济学对居民的研究从宏观的经济社会等外部因素分析切换到消费者个体尤其是心理因素的影响，行为经济学逐渐成为一门经济学的独立分支，由此衍生的心理账户理论更是行为经济学研究的中心。因此，本书有必要对心理账户理论的发展演进过程及主要内容进行阐述。

2.1.2.1 心理账户发展历程

芝加哥大学经济学家 Thaler 于 1980 年开创性提出心理账户概念（Psychic Accounting），为了寻求沉没成本[①]（sunk cost effect）影响居民消费决策时内在逻辑机制。Thaler 认为沉没成本之所以能够作用于消费决策，可能是基于两个解释：Kahneman 和 Tversky 提出的前景理论和消费者内隐的心理账户系统。理性消费者在进行经济决策时，会将获得财富的支出和投入作为总成本，以此作为消费决策的重要参考，这就是居民在进行消费行为时在心理上对财富的估价过程。

自 Thaler 首次提出心理账户以来，学术界对此进行了更深入的研究。Kahneman 和 Tversky 于 1981 年在 *Science* 提出了心理账户，认为消费者在

---

① 沉没成本是指那些已经发生、不可收回的支出如时间、金钱、精力等。人们在决策时，不仅考虑这个选择对自己有多大的价值，也要考虑过去在这一事件上面有过多少投入。出现沉没成本效应的原因就是把过去发生的费用和现在发生的费用放在一起进行考虑。

决策时根据不同的决策任务形成相应的心理账户。Kahneman 认为，消费者在心理对经济行为结果进行分类记账、编码、估价和预算就是心理账户建立的过程。为进一步对心理账户进行优化，使得心理账户概念更加贴近现实，Kahneman 和 Tversky 于 1984 年使用 mental account 来替换 "Psychological Account"。Kahneman 认为消费者进行经济决策的过程就是综合衡量各种结果的过程，更是对财富进行估价的过程。消费者心理上对财富进行估价遵循着最简单的得失比较，但并非完全是经济意义上的价值判断，据此提出"值函数"和"决策权重"来详细诠释得失评价标准。

在心理账户概念不断丰富完善的基础上，Thaler 于 1985 年在其代表作《心理账户与消费者行为选择》一文中，正式提出了"心理账户"理论，系统地分析了心理账户现象，结合典型事例阐述心理账户影响消费者决策的内在逻辑机制。Thaler 认为：心理账户内隐于消费者，每个人都有或明确或潜在的心理账户系统。居民在做出消费决策时，其遵循的理论基础并非源于传统经济学，甚至采用和经济学相矛盾的运算规则，表现在心理账户的记账方式明显异于传统经济学和数学分析。Tversky（1996）认为，心理账户系统遵循着潜在的运算法则，对于居民而言可能是虚幻的认知，有助于解释行为投资者的非理性行为。Kivetz（1999）则把心理账户归结为基于不同财富进行编码和分类的过程。

1999 年，Thaler 发表 "mental accounting matters" 一文，详细总结了心理账户的理论，所谓"心理账户"是人们在心理上对结果（尤其是经济结果）的编码、分类和估价的过程（Thaler，1980，1985；Tversky 和 Kahneman，1981；Kahneman 和 Tversky，1984；Henderson 和 Pertesron，1992），它揭示了人们在进行（资金）财富决策时的心理认知过程。基于不同的来源、获得财富的难易程度不同，居民会进行分类储存从而形成心理账户系统，并且对不同的心理账户系统进行运算，结果就是居民的决策行为和传统经典理论假设相背离，行为决策表现出非理性特征。从心理账户的作用机制上看，内隐于决策者并且引致行为决策的外在变化，这正是导致非理性决策的重要过程。在心理账户理论中，Thaler（1999）指出，心理账户的核心点在于：第一是人们对结果的感知和体验。不同财富的感知是不同的，人们更关注于通过辛苦付出的获得，而对于非常规收入则关注度较低。第二是人们对各种活动的心理账户与消费进行匹配归类。常规收入与基本消费相关联，而意外横财与奢侈消费相关联。第三个是心理账户被评估的频率。人们会经常评估常规收入，而对于非常规收入则很少评估，或者说评估的频率很低。

2.1.2.2 心理账户运算规则

运算规则决定了理论指导现实的可靠性和科学性，传统经济学主要基于效用理论来探讨消费行为，可以说效用理论的提出推动了传统消费理论的发展。然而正如前文指出，行为经济学中心理账户的运算法则是不同于经济学核算规律的，因而有必要对心理账户的运算法则进行说明，为本书研究分析提供科学的理论来源。心理账户理论作为行为经济学分析逻辑起点，其运算规则一是值函数假设，二是得失编码规则。

为了更深入剖析心理账户作用于消费决策的内在逻辑，在 Kahneman前景理论基础上，Thaler 提出"值函数"思想。"值函数"是心理账户的关键概念，和"效用函数"不同的是，值函数有参照点依赖、敏感性递减、损失规避三个特征。

第一，参照点依赖。在进行消费决策时，居民往往主要把自身感觉的得失作为参照点，显然这是人们对某一价值的主观判断，而不是经济学意义上财富的绝对数。Kahneman 和 Tversky（1984）也认为人们会下意识地加工心理账户系统，主要以参照点或者相对值为参照而非绝对水平。参照点依赖也就意味着，人们行为决策会围绕着参照点进行，参照点的变化必然引起决策的变动。

第二，敏感性递减。在得失（盈亏）面前，人们心理体验和感受是有差异的，从得失敏感度曲线可看到（见图 2.1），在图中右侧部分为盈利（获得）曲线，左侧部分为损失曲线。数学信号特征明显的曲线反映出人们的偏好，获得时风险厌恶，而损失时风险偏好。人们的敏感度与离参照点距离有关联，离参照点越近越敏感。

第三，损失规避。Kahneman 和 Tversky（1992）认为，损失曲线和获得曲线的斜率是不同的，前者要大于后者，这意味着对于同等大小的损失和获得，居民对损失表现出的敏感度是获得时敏感度的 2 倍。由图 2.1 可看到，盈利曲线的斜率要远远小于损失曲线，因此，对于相同数值的损失和盈利，居民往往更关注于损失时的感受。

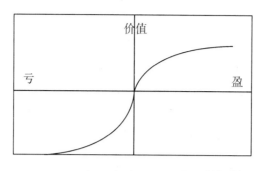

图 2.1　值函数假设

首先是价值函数 $v(\cdot)$。前景理论把未来不确定性的结果称之为前景，而不是利用效用函数中的期望值。价值函数是居民对于某一参照点时的主观感受水平，是财富的相对价值，而不是财富的实际值或绝对值。所以在所有可能结果集 $S(s_1, \cdots, s_n)$ 中，事件 i 发生的概率集为 $P(p_1, \cdots, p_i)$，并且满足概率公理 $\sum p_i = 1$，其对应的价值 Δw_i 为实际收益 w_i 与参照点之差 w_0。其价值函数可表示为 $v(\Delta w_i)$：

$$v(x) = \begin{cases} \Delta w_i = w_i - w_0, & s_1, \ p_1 \\ \qquad\qquad \cdots \\ \Delta w_i = w_i - w_0, & s_n, \ p_n \end{cases}$$

前景理论认为，当 $\Delta w_i > 0$ 时，$v''(\Delta w_i) < 0$；当 $\Delta w_i < 0$ 时，$v''(\Delta w_i) > 0$，并且 $v(\Delta w_i)$ 更为陡峭。这表明，决策者在得到收益时往往表现出风险规避，而在发生损失时，则表现出风险偏好，并且决策者对损失比收益更加敏感。因此，考虑到对于不同价值的主观风险态度，价值函数可进一步表示为

$$v(x) = \begin{cases} \Delta w_i{}^\alpha, & \Delta w_i \geq 0 \\ -\lambda(^-\Delta w_i)\beta, & \Delta w_i < 0 \end{cases}$$

其中，α 和 β 为风险态度系数，并且 $\alpha \in (0, 1)$，$\beta \in (0, 1)$，其大小反映了决策者的风险倾向；λ 为损失规避系数（卡尼曼认为，个体对同等数量损失的反应程度是同等数量收益的 2 倍，故损失规避系数为 2），$\lambda > 1$ 说明决策者对损失很敏感。当 $\lambda = 2.25$，$\alpha = \beta = 0.88$。

其次是决策函数 $\pi(p)$。效用理论反映了个体基于理性的决策行为，前景理论反映了居民基于未来风险不确定性的综合判断下的决策轨迹。预期效用理论和前景理论分别以客观概率和主观概率为决策依据。有别于传

统效用理论，前景理论认为风险决策者会对 i 事件发生的客观概率（p_i）进行主观上的心理评判，$\pi(p_i)$①是居民认为事件发生的主观概率，显然，它不是和概率（p_i）的函数——一对应，是居民决策者对事件出现可能性的主观认知表达。决策权重主要依赖于感知的事件的可能性，而它可能受主观偏见的支配。因此，前景理论认为人们在实际决策过程中对概率的估计值与实际值不符合，决策概率异于真实概率，自然它不受概率论公理（$\sum \pi(p_i) < 1$）约束，也不是真实信任度的表达（陈凯和黄滋才，2017）。

卡尼曼等给出了决策函数公式：

$$\begin{cases} \pi^+(p) = \dfrac{p^\gamma}{(p^\gamma + (1-p)^\gamma)^{1/\gamma}} \\[4mm] \pi^-(p) = \dfrac{p^\delta}{(p^\delta + (1-p)^\delta)^{1/\delta}} \end{cases}$$

其中，$\pi^+(p)$ 为收益情景下的权重，$\pi^-(p)$ 为损失状态下的权重，$\gamma = 0.61$，$\delta = 0.69$。

需要注意的是，决策权重并不等同于客观概率。从客观概率与决策权重图（见图2.2）可看出，横轴为客观概率 P，纵轴为权重 π，概率函数为线性的（对角直线），决策权重函数是非线性的（圆弧状曲线）。

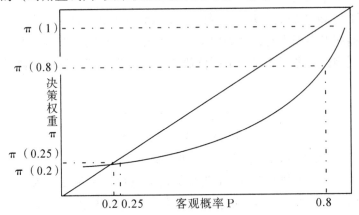

图 2.2 客观概率与决策权重

---

① $\pi(p_i)$ 具有以下特征：$\pi(0) = 0$，$\pi(1) = 1$，并且当 p_i 较小时，个体会高估事件 i 发生的概率，即 $\pi(p_i) > p_i$；当 p_i 较大时，个体则会低估事件 $C = a + bY$ 发生的概率，即 $Y_0 = Y$。

评估阶段时，居民会基于主观感知的获得与损失进行估价，每一种前景事件都对应着相应事件发生的可能性或概率，从而做出最终的选择。在评价阶段，作为决策者的农户结合价值函数和决策权重函数计算前景值，并以此作为行为决策依据。前景的价值是前景中各个属性值（属性值与参考点的差值称为结果）的价值与属性值对应概率权重乘积的总和（Tversky和Kahneman，1992；Camerer和Ho，1994；Neilson和Stowe，2002；Schmidt和Zank，2012；张小涛等，2016）。总体来看，前景理论函数的前景价值（V）可表示为

$$V = \sum_{i=1} \pi(p_i) v(\Delta w_i)$$

其中，$\pi(p_i)$ 为决策权重，$v(\Delta w_i)$ 为价值函数。

得失编码规则。假设 X、Y 是两笔收入，每笔收入的心理满足值分别为 V(X) 和 V(Y)，通过预期理论的价值函数可知，人们在面临得与失的时候心理估算是不同的，对于同等数量的财富，多次获得与一次获得的心理效用是有差异的，意味着人们有享乐主义的偏好。为此 Thaler（1985）提出了心理账户运算的另一个规则即得失编码规则。

第一是分开收益。当人们面临收益时，收益获得次数与心理体验成正比，多次收益比整合单次获得拥有更多的心理满足。通过图 2.3 也可看出收益为正的曲线为向下凹形，假设有收益 X 和 Y，故有 V(X) +V(Y) >V (X+Y)。

第二是整合损失。当人们面临损失时，损失付出次数与心理体验成反比，整合多个损失比多次损失更能减少人们的痛苦体验。假设有亏损-X 和亏损-Y，V(-X) +V(-Y) <V(-X-Y)。

第三是大得小失要整合。当收益和损失并存，并且损失要小于收益时，将二者进行整合能够降低人们的痛苦体验。假设有收益 X 和亏损-Y，X>Y，且余额为正，此时 V(X) +V(-Y) <V(X-Y)。

第四是小得和大损要分开。同样是收益和损失共存，且收益要小于损失时，将二者分开有助于降低人们的痛苦体验。假设有收益 X 和亏损-Y，且 X<Y，余额为负，此时 V(X) +V(-Y) >V(X-Y)。

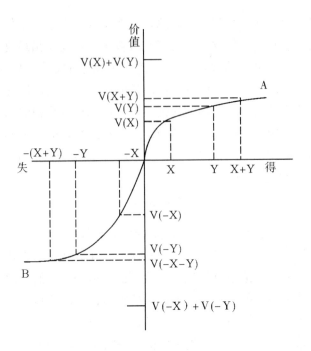

图 2.3　得失编码

资料来源：李爱梅和凌文辁，《心理账户：理论与应用启示》，2007。

行为经济学的发展为更深入细致地分析居民消费行为提供了新的研究视角，前景理论和心理账户理论为行为经济学的发展捕捉到了微观消费主体的心理活动过程，这弥补了传统消费研究的不足，在一定程度上解释了居民低消费率之谜，为消费理论的发展演进增添了活力和动力。虽然很多学者都肯定了心理账户普遍性的存在，也证实了心理账户非替代性特征、享乐主义编码规则等，然而对于以心理账户理论为重点的行为经济学来说，其决策主要依据于有限的直觉启发式思维，并不是基于客观信息概率做出的理性判断。

2.2　相关文献综述

基于自身研究背景，很多学者尝试着对居民消费问题进行多维度分析，目前来看，对于居民消费问题的研究成果丰硕，主要从经济学、社会学、文化学、制度学、伦理学和心理学等社会科学学科视角来探讨，但也有部分学者从信息学、地理学等自然科学视角来研究居民消费行为。消费研究视角的扩大，在丰富居民消费研究内容的同时，也使得理论分析更加贴近现实场景。但为了和本书研究主题相吻合，并且充分体现本书的必要性和学术价值，本书文献综述的展开主要聚焦于经济学视角、心理学视角、人口学视角和社会学视角下农户消费行为研究。

2.2.1 经济学视角下的消费行为研究

学术界大多基于经典消费理论来对农户消费行为进行研究。从理论的演绎以及现实的观察，农户消费不足虽然受众多因素交织影响，但经济因素仍然是农户消费的基础，这里的经济因素是宏观的多因素集合，主要包括收入、就业、社会保障、通货膨胀、家庭规模、抚养比、受教育水平、社会资本、资产配置以及消费信贷等。同时，随着经济理论的发展，学术界将消费研究的重点从消费总量控制转向消费质量，更多学者开始关注消费结构以及消费倾向。此时消费含义的经济学指向为消费能力、消费倾向以及消费结构。由于涉及面太广，文献回顾也不可能面面俱到，同时，为了凸显本书主题的意义以及为下文实证研究做铺垫，本书主要围绕收入、资产、消费信贷、人口结构等关键变量进行研究。

2.2.1.1 收入与消费

经典消费理论详细阐述了收入作用于消费的逻辑链条，基于经典消费理论而衍生出更多更丰富的经验分析成果。收入对于消费的重要性已充分体现于经典消费理论中，意味着不管是绝对收入-相对收入、当期收入-持久性收入、显性收入-隐性收入①都促成了居民消费行为。总结起来主要集中于以下方面：收入水平、收入结构、收入波动、收入不平等。

（1）收入水平。

无论是亚当等为代表的古典经济学派还是凯恩斯等为代表的现代经济学派都认为居民消费行为会受到其收入的直接影响，也就是说，收入是消费的前提和基础，收入的多寡决定着其消费支出水平的高低，有什么样的收入就会匹配什么样的消费。收入水平是消费决策的约束条件，在收入的

---

① 白重恩等（2015）赋予隐性收入较为直观的含义：所谓的隐性收入规模，意指居民消费支出行为中所暗含的收入与居民实际上报的收入之间的差异，即居民由于瞒报等原因而未被官方统计数据记录的经济活动（包括正规的和非法的经济活动）的价值。

消费效应方面，人们的经济行为都遵循着共同的经济规律。显然，农户消费的重要物质载体是家庭经济基础，经济基础的多寡直接决定着可用于家庭消费资源的多少。大量研究都清晰地表达出收入变动和消费支出变动之间关系的正相关，即高收入水平带来家庭高消费，如孙文凯和白重恩（2008）、汪伟等（2013）、封福育和赵梦楠（2016）、何月霞（2018）、南永清等（2017）、张永丽和徐腊梅（2019）等。

（2）收入结构

随着消费理论研究的深入以及收入来源的多样性，人们发现居民消费不仅受到收入总量预算约束，同时还会受到收入类型的影响。对于收入结构的研究主要分为两大类，一是收入来源，主要分为工资性收入、财产性收入、经营性收入和转移性收入；二是以弗里德曼的持久收入理论为基础，分为持久性收入和暂时性收入。消费者对各类型收入的依赖程度不同，这种差异性必然影响居民的消费意愿。Miyazawa（2012）认为居民主要通过消费模式进而影响支出内容，消费内容的改善取决于收入结构。收入波动状况决定着收入来源是否稳定，进而影响到居民消费高低（Jappelli和Pistaferri，2010）。收入结构的异化必然导致收入预期差异，进而对消费决策产生影响（周建等，2013）。Aguiar和Bils（2015）则进一步指出不合理的收入结构可能导致消费结构的不合理。

经验研究均表明，收入结构对居民消费支出有影响。李谷成和冯中朝（2004）发现农户消费时会依据收入来源而匹配相应的支出，工资性收入主要用于家庭设备和服务支出。李敬强和徐会奇（2009）、张秋惠和刘金星（2010）、周建等（2013）都发现不同收入来源均对农户消费支出产生积极影响。Brzozowski et al.（2010）认为税收、转移支付等政策带来收入稳定性，进而影响到居民消费结构决策。彭小辉等（2013）、王小华等（2016）也得出农村家庭消费变动在整体上表现为对家庭经营性收入、工资性收入和财产性收入变动的过度敏感性的结论。张慧芳和朱雅玲（2017）认为不同收入结构对消费结构的影响效应有很大的不同，其中，工资性收入是收入来源的主体，其对家庭各类型消费支出均有影响，但从影响效应看，工资性收入对发展型消费的影响效应要高于生存型支出。除此之外，李锐和项海容（2004）发现持久性收入和暂时性收入也都对居民消费支出有影响，持久性收入的影响较为关键，同时还发现持久性收入的边际消费倾向要高于暂时性收入。孙豪和毛中根（2018）也得出农村居民对持久性收入和暂时性收入都敏感的结论。钱文荣和李宝值（2013）发现非农就业能显著提高农村居民家庭人均消费水平；文洪星和韩青（2018）也有相似的发现，非农就业带来的非农收入可以显著提高农户消费，并且非农收入对不同类型的消费影响效应存在明显的差异性，对家庭设备等耐用品消费的影响效应要高于食品、衣着等非耐用品消费。

（3）收入波动。

从收入构成的现实考察看，工资性收入、财产性收入和转移性收入主要受到宏观经济周期波动影响，经营性收入主要受到自然因素短暂冲击。尤其对于主要依靠农业生产为主的家庭来说，天气等自然因素的存在会引致收入的波动（Cutler 和 Katz，1992）。收入波动不仅不会平抑消费支出，反而会放大消费波动。不仅是消费总量波动，消费者甚至对各类型消费也会有不同的反应机制（巩师恩，2014）。寇恩惠和侯和宏（2015）描述了收入波动引起消费波动的内在传导机制，同时建立计量模型来对传导影响程度进行识别，发现持久性收入波动对消费的影响较为强烈。巩师恩（2014）把收入分解为不同来源进而考察了不同收入结构对农户消费的影响，研究表明，经营性收入对基本食品类消费有很大影响。陈冲（2014）发现收入波动带来的收入不确定性对农户消费有显著影响。Porter et al.（2016）以埃塞俄比亚为例，发现意外冲击会造成收入波动，进而影响到农户消费。

（4）收入不平等。

消费理论折射的经济学思想，即居民消费是与收入分配联系最紧密的微观经济行为。Duesenberry（1949）的相对收入理论则指出，个体消费的目的是为满足自身的效用，但效用的高低既有自身消费也有周围其他人的消费，而收入差距扩大将强化人与人之间的相互比较。因此，收入差距[1]与消费之间的关系也被学术界关注到，基于本书选题所设定的框架，这里的收入差距特指外部城乡差距和农村内部差距。刘雯（2018）则认为农村收入差距的扩大对农户消费造成明显的挤压效应。收入差距与居民消费之间的关系比较复杂，学术界基于研究视角等主客观原因的差异而未达成共识。

从城乡收入差距看，杭斌和修磊（2016）认为收入差距扩大对消费具

---

[1]　李广泳和张世晴（2015）认为收入差距有两方面的含义，一是功能性分配的差距，即劳动收入在国内生产总值中所占比重；二是收入分配差距，即居民个体或群体之间收入差距。

有二重效应：其一，人们有较强的地位寻求动机，经济较为富裕家庭的消费会对其他家庭产生示范效应，并进一步驱动着其他家庭地位性消费；其二，较大的收入差距使得穷人很难缩小与富人间的收入差距，较低的偿债能力又进一步加剧了借款的难度，此时的消费意愿较低，导致消费不足。总之，虽然高收入家庭的消费能给低收入家庭带来示范效应，但收入不平等显著降低了中低地位家庭的消费支出。杨天宇和柳晓霞（2008）、曾国安和胡晶晶（2008）、储德银等（2013）、李江一和李涵（2016）等认为城乡之间的收入差距导致了较低的社会整体消费倾向。虽然如此，Hopkins和Kornienko（2004）发现收入不平等程度对不同群体消费影响的异质性，主要表现为降低中低收入者的消费和增加高收入者的地位性消费。

从农村内部差距看，汪伟和郭新强（2011）研究发现，收入不平等的加剧几乎可以解释近80%的居民消费倾向下降，显然收入不平等降低了居民消费欲望，增加了储蓄。Sun和Wang（2013）研究表明，农村收入差距对消费有拉动作用，这可能是因为农村居民交往更加频繁，农村居民间的攀比导向居民进一步消费支出。收入差距对消费的影响并无统一的结论，刘雯（2018）等却得出收入差距扩大挤压农村消费的结论。此外，在消费内容上，虞楸桦等（2015）认为，收入差距的扩大在农户不同消费支出内容上表现出明显的差异性，收入差距抑制着服务性消费。潘汪涛和刘雯（2019）也发现，农村内部收入差距的扩大会显著推高农村家庭地位性消费。

2.2.1.2 资产与消费

生命周期与持久收入消费理论描述了收入影响消费的轨迹，也阐述了资产在消费过程中的重要性，通过财产带来的增值也可以影响居民消费（Modigliani和Brumberg，1954）。也就是说，资产价格波动导致的资产价值发生的变化会影响到居民的消费支出和消费决策，这就是资产的财富效应。家庭资产是消费者应对未来不确定性、分散和抵御风险的可依靠的自有资源，因此在对居民消费行为进行分析研究时，不能忽略家庭资产对居民消费决策的影响，否则，得出有偏差的研究结论是不可避免的（李晓嘉和蒋承，2014）。现有有关资产与居民消费的研究主要集中于资产规模、负债及资产结构方面。

（1）资产规模。

同收入的消费效应一样，资产也对居民消费有积极的财富效应。通过优化资产配置，可以实现资产增值从而增加收入，因此，基于效用最大化的考虑，消费者会灵活配置其资产存量来平滑消费。从理论上看，Pigou（1943）发现可以通过消费者的持有货币和其他金融资产禀赋的增值，增加消费者可支配收入，进而随着消费能力的增强而增加消费支出，这种现象就是资产的财富效应。实证经验也表明，消费者拥有的资产规模构成支持其消费的正能量。田青（2011）通过实证研究也证明了资产的增加对居民（农户）消费的正向作用，但资产的边际消费效应仍遵循效用递减规律，即随着资产增加，其对消费的边际作用不仅没增加反而降低。贺洋和臧旭恒（2016）得出同样的结论，在整个生命周期内家庭资源禀赋的多寡直接决定着家庭消费支出的多少。臧旭恒和张欣（2018）也认为家庭资产规模增长带动财富水平的增加，在充实财富存量的同时，也带来了增收渠道的拓展，最终影响到消费决策。不仅如此，Cho（2011）进一步发现了资产财富效应在不同群体上的异质性，高收入者和低收入者之间的财富效应不同。Khalifa 等（2013）通过面板门槛计量分析发现，财富效应在高中低群体上的差异性，高收入群体的财富效应不明显，但中低收入者的财富效应较明显。

（2）资产类型。

消费者资产负债主要分为两类，一类是生产性负债（金融消费信贷），另一类是非生产性负债（住房按揭贷款、因病贷款等）。资产负债已成为中国家庭各项经济决策中一项非常重要的选项。因此，可以在某种程度上说，资产负债对居民消费同时具有挤出效应和财富效应。两种负债形式对于居民消费的作用路径差异明显，影响效应在学术界也没有取得共识。

在生产性负债方面，何南（2013）认为家庭借贷短期有利于居民消费，但长期却不利于消费。郭新华等（2015）认为，消费信贷对居民消费有杠杆作用，一旦得到预算支出，家庭消费的潜力会得到释放。陈屹立（2017）也认为生产性负债能够熨平家庭的收入和消费，一方面通过消费信贷，另一方面通过生产性信贷投资从而获得收入，有利于提高消费支出。潘敏和刘知琪（2018）也认为家庭杠杆可以促进农村居民家庭消费型支出和生存型消费的增加，并强化其生存型消费的财富消费效应。同时，家庭负债也可能给家庭成员带来财务压力，考虑到未来收入的不确定性，会减少开支。McCarthy（1997）也得到类似的结论，债务在初期可以直接和间接增加居民消费，但随着债务规模的扩大，不断增加违约的可能性，影响了再次信贷的可能性，从而不利于消费。

对于非生产性负债的影响效应一般为消极的，Claessens 等（2011）、McKinsey（2012）等研究表明，有债务的家庭在消费时面临着优先偿付债务的困境，结果是减少当期消费，将节省的资金用于清偿债务，某种程度上，家庭债务挤出了家庭消费。进一步，Kathleen 等（2007）发现了家庭负债对消费内容的影响，家庭负债促进了耐用品的消费开支，但对总体消费的影响却没有显现。骆祚炎（2010）、赵家凤和朱韦康（2017）也发现我国住房负债严重抑制了家庭消费支出。

（3）资产结构。

随着居民收入的增加，家庭的资产与消费出现同方向变化，但与之不同的是，消费需求却没有表现出同方向变动，显然，生命周期-持久收入假说无法得出解释。因而，有必要研究资产结构对消费的影响。按资产的流动性高低划分，学术界对资产的研究通常聚焦于金融资产（流动性高）与房产（流动性低）两大类。Paiella 等（2009）指出资产类型的差异性给消费带来不同的影响效应。

从流动性和变现角度看，低流动性资产拥有较高的变现成本，因此，对拥有低流动性资产比重较大的家庭而言，出现流动性不足时，很难在短期内实现资产的变现，从而抑制着消费的增加。特别需要指出的是，家庭房产作为低流动性资产的重要代表，家庭住房财富对消费的显著影响效应被众多研究所证实（Campbell 和 Cocco，2007）。但也有研究并未取得相似的结论，余新平和熊德平（2017）发现，房产资源对家庭消费的影响效应在统计上并不显著。对于流动性高的资产，贺洋和臧旭恒（2016）认为家庭流动性较高的资产占比提升有助于提高家庭的平均消费倾向。

此外，很多学者也比较了各类型资产消费效应的差异性。张五六和赵昕东（2012）认为金融资产对消费有微弱的抑制作用，而实物资产的消费效应总体来说短期强烈，长期有限。解垩（2012）、Case 等（2013）比较了金融资产与房产消费效应的差异性，住房资产对消费的影响效应要高于股票等金融资产。卢建新（2015）发现非住房资产对总消费和非耐用品消费的影响为负，而金融资产对农户消费影响是积极的。余新平（2015）将农户固定资产分为家庭自住房屋固定资产和投资性房屋固定资产。研究表明，家庭自住固定资产对衣着支出外的其他的影响效应并不显著，而投资性固定资产对各类型家庭支出的影响效应均显著。

2.2.1.3 金融与消费

更多学者注意到消费者面临的流动性不足问题，中国居民中受借贷约束的消费者比例较高，大概在 60%（李永友和丛树海，2006）。流动性约束的存在，致使居民消费不断下滑（Zeldes，1989；Deaton，1991；万广华等，2001；李燕桥和臧旭恒，2013；Gross 和 Notowidigdo，2014；Dogra，2016）。消费信贷作为缓解居民流动性约束的重要手段，其对消费的作用机制和影响效应引发学术界的广泛兴趣。从现有研究成果看，流动性约束影响居民消费主要遵循以下两个路径：一是当流动性约束出现时，消费者自有资金无法平滑其消费支出，只有降低当期消费；二是即使当前暂时未面临流动性约束，但考虑到未来出现流动性约束的可能，基于预防未来不确定性的考虑，消费者也会减少当期消费，增加储蓄。更多学者关注到现有研究大多探讨消费信贷影响消费的直接效应和中介效应（尹学群，2011；陈东和刘金东，2013），也就是消费信贷对消费产生的真实财富效应分析。

（1）信贷政策上。

这里的信贷政策主要表现在宏观意义层面上。金融政策变动对居民消费的影响最早见于"金融抑制论"（Mckinnon，1973），金融抑制理论强调国家过度干预给国家金融系统发展带来的消极影响，在工业优先发展的主导下，消费金融资源向工业倾斜从而造成消费领域金融投资不足。而对货币政策实施量化宽松时，市场上获得的流动性较为充足，此时消费者可从金融市场获得所需融资，最终影响到居民消费（孙国峰和张砚春，2011）。温涛等（2017）认为县域财政金融政策对居民消费行为决策的作用在统计上并不显著，不仅没有带动消费的增加，反而抑制着中高消费组的消费支出。但也有学者得出相反的结论，Li（2000）等认为，量化宽松的货币政策带来消费的同期增长，更进一步认为消费利率和货币政策之间的相关性为负。

（2）信贷规模上。

农村信贷影响农村居民消费的内在逻辑具有交互性、共生性和外延性特征，而非简单的资金叠加和要素资源发挥效应（尹学群 等，2011）。陈东和刘金东（2013）也发现农村信贷对农村居民消费存在直接效应和间接（中介）效应，直接效应是直接为居民提供消费资金，而间接效应是通过投资带来收入增收进而影响消费。

Campbell（2006）、Di（2013）等认为发展消费金融有助于缓解消费者面临的流动性约束，可以有效降低交易成本，并通过信贷手段或者财富效应刺激消费，激发即期潜在的消费能力，形成消费的长期计划。我国学者王勇（2012）也认为加快金融发展是扩大消费需求的长效机制之一，尤其是消费金融能够打破居民的流动性约束，从而降低消费需求对即期收入的敏感性，增加对未来收入的敏感性。朱信凯和刘刚（2009）认为消费信贷在扩大农户当期消费中有显著作用。汤向俊和任保平（2011）也认为中美两国的消费信贷均有效地促进了居民消费的增长。董志勇和黄迈（2010）发现，信贷约束对农户改善性支出的影响效应要高于生活必需消费支出。李江一和李涵（2017）、潘敏和刘知琪（2018）等也发现消费信贷对农村家庭消费有显著的促进作用。蔡栋梁等（2020）发现，信贷约束对农户消费的影响效应并非同质的，对生存型消费的影响效应并不显著，而对发展型支出会产生挤出效应，从而阻碍着农户消费升级。

与上述学者促进观点不同的是，林晓楠（2006）、Attanasio 等（2014）则指出消费信贷的增加并没有带来消费的增长。齐红倩和李志创（2018）发现我国农村金融发展对农村家庭人均消费影响具有时变特征：在1982—1996 年农村消费信贷对农户人均消费的积极效应并不明显，而1996—2014年之后的积极效应较为明显。

（3）信贷来源上

从农户获取金融服务的来源看，主要有正规金融部门和非正规金融①部门，前者包括银行、信用社等正规消费信贷，后者主要有亲朋好友及其他民间借款等非正规消费信贷。正规金融拥有资金和风险控制等优势，而非正规金融拥有信息、时效等优势，二元金融部门满足消费者不同的需求。

早期的研究由于我国非正规金融数据的缺失或没有详尽的统计，大部分学者将正规金融对消费影响效应的研究都嵌入金融发展与农户消费的研究中。如张凯和李磊宁（2006）、陈东和刘金东（2013）、温涛和王汉杰（2017）等都认为金融发展对农户消费的影响是积极的。随着研究方法的进步以及统计数据逐渐翔实，学术界针对正规金融与非正规金融对居民消费行为影响的研究文献逐渐丰富起来。Zhao 等（2014）认为居民从银行等

---

① 郭沛（2004）指出农村非正规金融是指农村中非法定的金融组织所提供的间接融资，因此，将亲友等的贷款纳入非正规金融部门。

正规金融部门获得信贷支持往往面临着严重的信贷约束，金融活动过程中的信贷约束程度越强，越不利于缓解居民流动性不足，从而对消费决策造成了挤压。阮锋儿和罗剑朝（2006）发现银行等正规金融部门借款对农户生活性消费有显著的促进作用。董志勇和黄迈（2010）则进一步通过结构视角来探讨了信贷约束对消费支出结构的影响，研究表明，银行等正规金融部门的信贷约束对家庭消费无显著影响，这是因为受预算约束群体在寻求金融服务时主要依靠亲友间的非正规部门的支持。但朱信凯、刘刚（2009）通过研究发现，民间合作金融组织在舒缓消费者预算不足提高消费积极性方面有积极作用。郭云南等（2012）、南永清等（2018）发现了非正规金融对消费有促进作用。

（4）信贷类型上。

从金融市场向居民提供金融服务的类型看，主要有生产性信贷和消费性信贷两大类，本质上看，消费金融（信用卡）也是消费性信贷。生产性信贷和消费性信贷对消费者影响的机制和路径都有很大的差异性。生产性信贷主要通过使用资金进行生产投资然后再影响消费，消费性信贷直接向消费者提供资金进而影响消费选择。对于二者之间对消费者行为的影响，学术界有不同的观点。

在生产性信贷方面，学术界大都认为居民生产投资获得金融市场的支持，增加的收入有利于改善预算约束，增强了消费能力从而提高了消费支出。如尹学群等（2011）、陈东和刘金东（2013）等发现生产性信贷在有利于增加农户收入的同时，也带来了农户消费支出的增加。在消费性信贷方面，崔海燕（2016）、李江一和李涵（2017）等认为信用卡使用可明显带动农户消费增加，在消费信贷额度提升可带来居民积极的消费决策。Soman 和 Cheema（2002）则进一步通过信用卡对不同年龄段和不同受教育程度影响有差异，在年龄上处于较低和受教育程度较低的消费者来说，信用卡提额更有利于他们做出积极的消费决策。孙文章等（2014）认为消费金融对居民消费具有地域的差异性和消费内容的不均衡性。但熊伟（2014）研究结果表明信用卡的消费效应具有时变性，短期由于无资金约束有利于消费增加，而长期由于还款压力降低消费。蔡栋梁等（2020）发现消费性信贷对于农户家庭总支出的影响，消费信贷的缺失会降低农户消费规模，特别是对于发展型消费的影响更为突出。但也有学者发现消费性信贷负向影响居民消费，如 Ekici 和 Dunn（2010）、尹学群等（2011）发现消费性信贷对居民消费的影响为消极的。

2.2.2　心理学视角下的消费行为研究①

以杰文斯为代表的古典学派认为对商品效用的解读，不应局限于传统的商品本身的使用价值的发挥，应将范围拓展到商品与居民需求间的关系而衍生出的其他情景。显然，这里的情景应涵盖居民与商品客体间的心理交互感受。最早从消费者内心视角来研究其行为选择的是生命周期与持久收入假说，该理论最早探讨了未来预期收入对居民消费行为选择的影响，虽然并没对心理行为进行更深入的研究，但也开启了对消费者行为心理因素研究的先河，衍生出理性预期学派对消费行为的探讨。随后伴随更多的交叉学科背景的研究队伍的加入，心理学视角下居民消费行为的研究文献逐渐丰硕起来。随着研究的逐步深入，居民心理预期对消费者决策的影响也被学术界所证实，信息在传播过程中会给居民带来预期，进而影响到消费决策（余永定和李军，2000）。从现有研究文献看，以行为经济学为切入点来研究居民消费行为主要有预期、认知和情绪等。

2.2.2.1　预期与消费

比起绝对收入假说等消费理论，生命周期与持久收入理论把预期收入引入居民消费分析框架更具有前瞻性，一旦将收入的视角前瞻化，就无法避免对消费者预期的处理预期学派，他们认为不仅是预期收入会影响到居民消费，同时预期支出也会影响到其行为选择。我国城乡居民消费心理预期过大是导致现期消费不足、消费品市场低迷的主因（李书青和杨方文，2000）。可以说，基于消费心理预期②为导向的经济行为是居民对客观经济环境（宏观和微观）变化的一种正常反应，因此，消费者心理预期对消费行为的影响也成为学术界研究的热点。经典消费理论引入心理预期后，预期的作用逐渐为学术界所熟知，研究成果也丰硕起来，特别是预防性储蓄

---

① 如前文所述，农户作为一般意义上居民的重要组成部分，其消费行为具备一般居民消费的共同特征，学术界在研究农户生活性消费时，也常常将其纳入一般居民范畴。鉴于从心理学来探讨农户消费行为的文献较少，由于农户消费从属于居民消费的大范畴，农户消费和个体消费在生活性消费上有很大的共性，因此，从心理学视角来研究居民消费对从心理学视角研究农户消费有相关的启示意义。

② 林凤萍和薛一凡（2000）认为消费预期心理，主要指消费者依据国家一定时期国民经济形势、国家公布的经济统计资料以及各种经济发展中的不确定因素，对未来经济生活将会发生事件、发展趋势做出的判断，这种判断直接影响着消费者的消费倾向和消费水平。

理论成为学术界研究消费者收入预期及不确定性的基石。

（1）收入预期方面

预防性储蓄认为，由于未来收入面临各种不可控的不确定性，为平滑生命周期内消费，消费者一般会选择减少即期支出增加储蓄（Leland，1968；Zeldes，1989；Dy-nan，1993；Carroll，1997；Lusardi，1998）。当然，如果消费者预期未来收入会增加，同时在时间偏好上为正，那么消费者也会倾向于增加当期消费（Carroll，1997）。总之，消费者行为选择都具有前瞻性，对未来预期的结果直接反映在消费决策上，预期和支出呈正方向变动（贺菊煌，2000），朱信凯（2005）预期收入不稳定性也使得农户在消费时变得较为谨慎。姜洋和邓翔（2011）认为随着改革引致的不确定性增加，预期收入对居民消费的影响程度不断加深。宋明月和臧旭恒（2018）也发现，当预期未来收入减少时，农户家庭人均消费支出也会随之减少。当然，臧旭恒（1994）认为预期收入理论经济实践的指导表现出时代性和异质性，预期收入决定当期消费的理论只适用于改革开放之前，而改革开放之后当期消费主要由前期收入和预期收入决定，并且预期收入对居民的影响城镇居民要低于农村居民。刘双等（2015）也证实收入预期对所有消费阶层的农户消费行为均产生了显著影响。宋明月和臧旭恒（2016）通过测算认为1999—2011年农村家庭收入中用于预防性储蓄的比重介于59%~63%，显然有不利于农村消费潜力的释放。

（2）支出预期方面

臧旭恒（2001）研究表明，引起收入不确定的原因众多，因此可基于这些不同原因产生出不同的预防性储蓄理论，基于这些不确定性会产生相应的预防性储蓄理论，如果单纯从收入不确定性来探讨收入波动对消费的影响显得有失偏颇。显然，基于这样的逻辑思维，预防性储蓄的经济内涵至少包括两个层次：一是收入的不确定性，二是支出的不确定性。同收入预期一样，支出预期也会影响消费者行为框架的建构。在预期未来支出较多而收入有限的场景下，消费者出于谨慎而增加储蓄的动机支撑着财富的重新配置。显然，收入不确定性可以引起预防性储蓄，支出不确定性也会导致预防性储蓄。骆祚炎（2007）也认为居民在教育、医疗保健和住房等方面的基本消费需求在不断上升，更坚定了城乡家庭的预防性储蓄。因此，增加城乡家庭消费可以稳定居民支出预期，白重恩等（2012）的研究也表明，在稳定居民支出预期后，新农合显著促进了非医疗支出类的家庭消费，说明新农合制度降低了农户面临的不确定性，从而刺激农户消费。谭洪业（2017）也发现预期支出不确定时会减少当期消费支出。

（3）预期后悔（内疚）

居民在决定消费决策之前，除了有收入、支出和通货膨胀等经济因素预期影响以外，还会有思想情绪上的后悔预期。预期后悔指的是消费者在决策前，预料所做决策可能产生的后悔，这种反事实思考可能进一步引发犹豫及怀疑等情绪反应（Janis 和 Mann，1979）。预期后悔发生在消费者做出购买行为决策前，并在某种程度上影响着居民消费决策（Loomes 和 Sugden，1982；Zeelenberg et al，1996）。

显然，如果消费者提前预期会对制定的决策产生后悔等消极情绪，在做决策时则会进行更审慎地评估（Loomes 和 Sugden，1982）。通常来说，消费者的预期后悔情绪会左右着其经济行为，降低了消费决策效率，不利于增加消费支出。Simonson（1992）通过实证研究发现，如果被试者出现担心并非是最优决策而产生损失的焦虑时，其在购买决策中会更加谨慎，放弃购买风险性较高的产品。Zeelenberg et al.（1996）的研究也发现后悔预期会促使消费者选择较安全的选项，表现出风险规避，从而减少当前消费。Zeelenberg（2004）进一步研究强调预期后悔对决策行为的作用，提出了"人们不是规避风险，而是规避后悔"的观点，在预期后悔时，会选择后悔最小化决策，而不是风险最小化。吴碧琴（2010）也认为在购买之前消费者的预期后悔值和再购买意愿呈反向关系。

和预期后悔消费效应不同的是，也有研究者证明预期后悔会使人产生风险寻求的行为，反而刺激消费。银成钺和于洪彦（2009）、王寒等（2016）研究发现预期后悔对再次冲动性购买对消费的增加具有正向影响，如面临促销等折扣活动时，为避免未参与购买而产生的后悔将促使消费者进行消费。

和前面单纯促进或抵制效应不同的是，也有学者认为预期后悔对消费者行为选择比较复杂。刘维奇和张晋菁（2018）预期后悔对消费者消费行为产生显著影响，预期后悔既可以提高消费者对于某种行为价格的敏感性，从而减少相应消费支出；同时又可以提高消费者对于另一种行为的有效支付意愿，进而增加购买支出。

2.2.2.2 认知和消费

消费者主体对周围客观事物及主观事物的认知差异，是影响消费决策的重要原因。

行为经济学大量研究表明，居民在进行消费选择之前，会根据财富来源的途径差异而将财富分设为不同的账户。消费者对财富进行分类是对财富认知进行管理的过程，一般来说，财富根据来源不同，可分为常规收入和非常规收入（意外横财）两大类（李爱梅 等，2014）。常规收入主要是指通过辛苦工作付出而获得的报酬以及预期到的收入，而意外横财则为未经劳动而获得或者非预期到的财富。两类收入分别归入常规收入账户和意外横财账户（Kivetz，1999），不同心理账户之间相互独立，每个账户具有自己独特的功能和用途，不可相互转换和替代，即心理账户具有非替代性，显然，消费者认为意外所获和辛苦所得的心理意义大不相同（Kivetz，1999）。学术界通常将辛苦所得与意外收获纳入统一的分析框架来研究不同收入账户对消费行为的影响。

Thaler（1985，1999）认为不同的心理账户有不同的记账方式和心理运算规则，消费者在使用不同类型财富时也会分别予以不同的态度和行为，将财富匹配不同的消费内容和方式。大量研究表明，关于常规收入的使用，消费者对于通过自己辛苦劳动得到的常规收入使用比较谨慎，并且一般用于生活必需品消费，而对于通过非劳动获得的财富使用比较随意，一般倾向于人情开支、休闲享乐消费（Thaler，1985；Thaler 和 Eric，1990；Henderson 和 Robert，1992；Arkes et al.，1994；O'Curry，1997；李爱梅和凌文辁，2007；李爱梅 等，2007，2014）。换言之，人们在预算财富调节分配时，财富的使用倾向和获得财富的难易程度相关联，将难度较大的常规收入列入不易消费账户中，反而将较容易获得的意外横财纳入更易消费的临时账户中（Arkes et al.，1994）。

对于不同财富与消费内容的匹配效应产生的原因，Thaler 和 Eric（1990）、Heath 和 Soll（1996）、Dilip 和 Amar（2001）、潘孝富等（2014）认为出现这种现象的主要原因在于人们赋予不同财富不同的权重，或者说是每种财富的沉没成本不同，人们获取辛苦所得和意外横财付出的成本不同，消费者在进行消费决策时，会将收获与付出进行比较叠加并估算，提取需要更多的心理能量和动机（Li et al.，2007），因此做出消费辛苦所得的决策就更加困难些，需要更长的反应时间。Greenwald et al.（1998）也认为居民在进行消费时，如果使用常规账户时，较多的沉没成本反而阻碍着消费，这就是沉没成本效应；相反，如果是非常规收入，消费者的沉没成本效应将会削弱或者消失（Soman 和 Cheema，2001）。和沉没成本不同的是，奚恺元（2008）认为是赌场效应才导致财富的匹配效应，他认为收入的不同意味着不同的消费倾向和风险偏好，对于通过非劳动收入或其他不劳而获的财富而言，使用起来往往比较随意，没有后顾之忧；对于辛苦所得的劳动报酬等常规收入，居民在消费时往往顾虑重重，不舍得消费。潘孝富等（2014）则从内隐的角度对常规收入和意外横财的消费偏差进行了分析，认为消费者对"意外所得与容易消费"和"辛苦所得与不易消费"的反应时要显著快于对"意外所得与不易消费"和"辛苦所得与容易消费"的反应时，也可能是因为两种收入来源存在不同的神经机制，且可能反映出不同特异性的 ERP（事件相关电位，Event-related Potentials）成分。

2.2.2.3　情绪与消费

不可否认的是，从认知视角来探讨心理账户对居民消费的影响是当前行为经济学研究的重心，但也不能忽略了情绪（情感）对消费者决策的可能影响（李爱梅 等，2014）。在影响居民决策领域未来需要解决的问题之中，情绪是重要的问题并且被日益引起重视（Hastie，2001）。心理学家通常根据心情的愉悦性，将情绪分为积极情绪和消极情绪两个维度（Oliver，1993）。通常来说，情感因素包括积极因素以及消极因素，它们都对居民消费决策产生了重要影响（Levav 和 McGraw，2009；Chang 和 Pham，2013）。除了积极和消极情绪外，怀旧也可以激发悲喜交加的情绪，从而调动消费者的偏好进而影响决策方式（陈瑞 等，2017）。Raghunathan 和 Corfman（2004）构建了"不同情绪不同效应模型"，强调不同情绪对个体有不同的影响。考虑到研究的主题，本书继续聚焦于积极情绪和消极情绪影响居民消费决策的研究。

（1）积极情绪

积极情绪影响消费者决策的内在机理成为学术界研究的重点。积极情绪指的是能让人产生愉悦和生理感受的情绪类型。在早期研究中，研究者们认为积极情绪不但没有对人们决策起到正面作用，反而会干扰决策的正确进行。随着研究深入，有研究者提出相反看法，认为积极的情绪使得决策过程更加完善。Angela 和 Sternthal（1999）发现，积极情绪并不会对思维和行为产生干扰，反而会激活更多的认知处理资源，促进信息在大脑中进行系统性整合利用，积极情绪在认知灵活性、创造性和决策效率方面都有积极影响。换言之，处于积极情绪状态的消费者，其思维更开放、灵活，可以快速地找出问题的应对之策（郭小艳和王振宏，2007）。

Petty et al. （1993）构建了"精细加工可能性模型"，认为个体处于积极情绪时更容易注意积极信息，他们会通过不断重复能使他们感到快乐的行为来延续积极情绪，该模型可以很好地解释积极情绪个体进行享乐性消费的原因。Spears（2010）研究表明，消费环境如节日和商家促销等活动可提高消费者购买欲望，这些措施的实施有利于吸引消费者做出积极决策。姜伟等（2011）也认为消费者对于未来的乐观预期可能会使消费者放大收入的预期，从而增加消费决策，总需求的提升进一步促进了经济增长。然而对于积极情绪下消费者行为决策，也有研究认为情绪效应的发挥应和对财富的认知协同起来，并非单纯地促进或抑制效应。李爱梅等（2014）认为情绪影响消费者行为决策取决于其对财富的认知，如果是意外之财，消费者的积极情绪对消费决策的影响较为显著，并且会带动其进一步以享乐型消费；相反，如果是常规收入，积极情绪对消费决策的影响并不显著，甚至出现享乐规避。

（2）消极情绪

与积极乐观情绪相对应的是消极悲观情绪，主要是由分离、焦虑、丧失和失败引起的情绪反应。社会学领域多以分离、失败和无助等研讨悲观情绪，而心理学多从经济上的丧失或损失来研究其对行为决策主体的影响。对于出现消极情绪消费效应，从心理机制出发对悲伤情绪导致消费行为增加的原因进行更深入的探讨，分析自我聚焦、控制感和无助感在悲伤情绪与个体消费决策之间所起的中介或调节作用（李爱梅和李伏岭，2013）。

传统情绪效价理论认为，诸如悲伤、失望、担心等消极情绪可能使得消费者对物品进行消极评价，从而降低消费欲望。Okada（2005）研究发现，消费者的内疚感会对消费尤其是享乐型消费产生消极影响，导致享乐型消费规避。Winterich et al. （2010）研究发现，愤怒情绪不会增加或提升消费倾向，即使通过物品的消费其消极情绪也不会得到缓解。Gans 和 Groves（2012）认为居民的内心罪恶感会降低消费者的购买意愿。Lin 和 Xia（2009）进一步研究表明，如果消费者拥有较强的罪恶感，那么其避免消费支出的可能性就越高。也有学者认为内疚感等消极情绪也会影响到消费决策。Richins（1997）认为当消费者行为违背了消费的某种道德、财务等规则时，消费者会产生内疚感。Soscia（2007）认为一旦消费行为结果和预期结果不一致时，消费者容易产生内疚情绪。特别是将财富的来源与其他消极事件联想起来时，对于财富的使用更为谨慎，尽可能用于实用消费而非享乐消费上（李爱梅 等，2014）。

然而，研究表明，不同于其他消极情绪，悲伤情绪与情绪效价理论相悖，悲伤情绪没有引发对新物品的消极评价，反而刺激个体高估物品价值，从而引发更多消费。面对同一件物品，悲伤情绪消费者愿意消费更多的金钱购买的现象被称为"悲伤不吝啬效应"或者"悲伤消费效应"，并且 Lerner et al.（2004）、Cryder et al.（2008）研究也表明，和中性情绪消费者相比，怀有悲伤情绪的消费者的悲伤不吝啬效应明显，即拥有更强的消费意愿。对消极情绪反而能带动消费的原因，Manucia et al.（1984）提出了"情绪修复理论"，即个体通过享乐型消费来缓解负面情绪带来的影响。李爱梅和李伏岭（2013）、Garg 和 Lerner（2013）等研究也认为消费者享乐消费的目的主要出于调节、修复悲伤等消极情绪。和消极情绪消费主要修复心情观点不同的是，Lerner et al.（2004）认为消费者悲伤时进行消费并不是刻意地调节或修复情绪心情，而是无意识的反应行为。Dianne 和 Ellen（2000）的研究也表明，在心情不悦时热衷于消费，并且这种行为是缺乏控制的。

2.2.3 其他视角下的消费行为研究

农户作为农村消费的主体之一，其消费决策除了受传统收入和信贷、心理等影响外，还受到人口学、社会资本、消费文化等影响。

首先，人口学方面。学术界从家庭规模、人口年龄、抚养比等方面对农户消费行为进行探讨。

（1）在家庭规模方面，家庭规模对农户消费的影响较为复杂，李晓楠和李锐（2013）、谢家智 等（2017）、涂先进 等（2018）研究认为家庭规模大小是家庭消费支出的基础，家庭成员维持其生存必然会带来相应的消费开支，因此家庭规模的增加带动农户消费规模的总体增加。但也有学者有不同的结论，高梦滔和毕岚岚（2010）研究认为农户消费增长率和家庭规模呈负相关，但有某些非线性特征，家庭小型化和农户消费规模增长呈现正相关。刘雯（2018）也得出家庭规模与农户消费开支反方向变动的结论。家庭规模不仅直接影响到农户家庭消费规模，同时，家庭规模还对农户消费结构产生影响；王芳和黄莉芳（2019）也发现，家庭规模的大小和家庭消费支出意愿呈现反方向变动，这主要缘于家庭成员越多则意味着有较多的老人和儿童需要扶/抚养，这方面的巨大开支对刚性需求外的其他消费需求产生挤出效应。和上述学术研究不同的是，家庭规模的大小和农户消费支出的关系较为复杂，郝爱民（2009）研究发现，农户家庭规模不同时，其消费意愿也随之变化，规模小型化（3人以下）时，农户规模与农户消费意愿负相关；规模中等（4~6人）时，农户规模对农户消费意愿的影响并不显著；而规模较大时（7人以上），农户规模对家庭消费的意愿明显提升。

（2）人口年龄方面，学术界对农户人口年龄对农户消费的影响效应的研究结论并不一致。李晓楠和李锐（2013）、张朝华（2017）等发现，随着户主年龄的增长，农户消费支出呈现降低趋势，即家庭年龄（主要为户主年龄）和农户消费支出呈现负相关。Deaton（1992）发现农户平均年龄的各个时期所对应的消费的差异性，青年时期消费较高，而中年时期消费和年龄呈现倒"U"形，或者说家庭消费是家庭年龄的凹函数，青少年与老年却相反。高梦滔和毕岚岚（2010）也发现，农户人均年龄和人均消费支出呈现二次凹函数，但家庭成员平均年龄或户主年龄的变化对于农户消费增长率并无显著影响，家庭女性成员比例的增加对于农户消费增长具有轻微的负向影响。除了农户总体消费规模外，农户年龄对家庭各类消费影响效应的研究也被学术界所关注。熊芳和李炳莲（2014）研究表明，户主年龄在农户家庭食品、衣着、交通通信、保险支出方面有负向影响，而在教育、娱乐和医疗方面有正向影响。张朝华（2017）进一步研究发现，户主年龄的增加对各消费内容的影响效应存在明显的差异性，随着户主年龄的增加，会压缩食品类支出，而增加居住、衣着、医疗等7类支出。

（3）抚养比方面，农户拥有老人和少儿的数量直接决定着家庭消费负担，因为少儿和老年人并不具备完备的劳动能力，因此无法通过劳动而获得经济收入，自己基本没有消费能力，需要家庭为其消费开支提供物质基础。刘双等（2015）研究表明，农户中拥有子女和老人越多的家庭，家庭消费支出就越大。但与上述学者研究不同的是，也有学者证实家庭负担对家庭消费的挤出效应，陈冲（2011）研究表明，无论是少儿抚养还是老年抚养都对挤出了农村家庭消费开支。张朝华（2017）也得出相似的结论。相较于少儿无消费的物质基础，老年人因在劳动年龄时期有充足的积蓄，因此老年人具备一定的消费能力。也有学者有相反的观点，李文星等（2008）研究发现少儿抚养比和老年抚养比对家庭消费的影响系数分别为负和正，少儿抚养比的下降有助于提升家庭消费，而老年抚养比对家庭消费的影响虽然为正但并未通过显著性检验。胡兵等（2013）也发现少儿对农户家庭开支的负面性，但却发现老年人有助于农户消费增加。熊芳和李炳莲（2014）也得出少儿抚养对农户家庭消费的负面影响。李响等（2010）则进一步研究表明，较低的少儿抚养比和较高的老人抚养比都对农村家庭消费升级产生消极影响。

其次，社会资本方面。对于农户而言，其所处的社会网络在其遇到困难时能够形成一种非正式的保险制度，这种非正式的保障制度能够有效缓解预算方面的风险，从而能够平滑个人消费。这是因为农村是由血缘、地缘和亲缘而交织成的网络，农户作为农村社会联结的重要连接点，在农户出现消费预算约束时，亲友等关系构成的社会网络可以为农户提供重要的缓冲，助其提高消费能力，从而增加消费开支。杨汝岱等（2011）认为，社会网络是农户平衡现金流、弱化流动性约束的重要手段。Weerdt 和 Dercon（2006）、刘雯（2018）、温雪（2018）、杨晶和黄云（2019）、南永清等（2019）认为农户社会资本越丰富，其越能够获得较多的资源，从而消费能力越高。南永清等（2019）则将社会网络区分为血缘、地缘和关系三种社会网络，并进一步研究了各类社会网络对农户消费的影响效应，结果发现，三种社会网络均对农户消费有积极的促进作用，但三种社会网络对农户消费的影响效应差异明显，由关系而衍生出的社会网络对农户消费的影响效应要高于地缘和亲缘。严太华和刘志明（2015）研究发现，我国农村家庭存在旺盛的信贷需求，却普遍面临信贷约束，维系家庭社会网络和关系有助于提高农户的借贷能力，缓解信贷约束困境。但在面临收入差距时，刘雯（2018）认为当前社会资本在收入差距影响农户消费中的作用并不明确，可能缓解城乡收入差距而非农村内部收入差距，扩大对农户消费的挤压。

2.2.4 简要评述

传统研究主要基于经典经济理论来探讨农户消费行为。以凯恩斯为代表的古典经济理论认为，农户收入直接决定着家庭消费支出，收入是包含农户在内的一般居民消费的物质基础，是构成农户消费的主要来源。不仅如此，以收入为中心的收入规模、收入结构、收入波动和不确定性、收入差距等因素矩阵都会引起农户消费不同的市场反应。不仅如此，在影响农户消费的影响因素中，不可忽略农户所处关系的社会网络对农户消费的影响。资产结构和人口结构等对农户消费选择也起到了不同的作用。显然，随着农户收入的增加，消费支出却没有明显地跟进，进一步的研究表明，消费者受到流动性约束是消费不足的重要原因。通过增加农村金融供给，可以有效缓解流动性不足状况。消费信贷通过财富的跨期配置来提前消费。显然，对消费信贷的功能效应研究是当前研究消费信贷对农户消费的重点和中心场域。

研究基础是建立在效用最大化公理上的，即农户是理性的，农户的决策目标是追求目标效用函数最大化。显然，现有研究还停留在消费信贷的功能效应，即消费功能，而忽略了农户（主要为家庭决策者）的内心复杂心理活动，即借款者会担心金融活动的未来不确定后果（前景A-有能力还款，前景B-无能力还款），这种心理活动会进一步影响到消费决策。行为消费理论的大量研究成果表明，消费信贷现象不仅通过财富的跨期配置带来真实财富变化而影响消费，更为重要的是，消费信贷过程还会产生复杂的心理反应并产生财富预期，以及产生预期变化和情绪波动进而影响消费行为。也就是说，家庭决策者在获得信贷支持后会担心未来还款风险，因此会下意识对未来财富价值进行判断从而形成财富预期，并进一步影响到消费决策。遗憾的是，传统经济学忽略了决策者的心理预期过程，事实上，财富预期对农户消费决策有调节作用，财富预期的多少意味着消费者心理上决定着用于消费的预算资源规模。因此，可以说，对农户借款者心理活动规律探讨的缺失，导致现有研究结论无法解释居民低消费以及金融资源配置的非最优之谜。

不仅如此，为平抑消费波动和满足消费需求，农户家庭需要借助金融市场来补足流动性，在获得融资支持时，借款者会根据财富来源对财富进行核算，重点突出未来风险的预期，在此过程中也会基于资源禀赋而对消费信贷做出相应的价值判断和价值选择。但传统经济学认为，经济个体在决策过程中是完全理性的并都遵循和追求期望效用最大化公理，其决策行为表现出一致性和连贯性特征，即决策不受市场现象表述差异的影响（林卉 等，2016）。行为经济学研究表明，决策者并非完全理性，他们只能在决策过程中寻求满意解而难以寻求最优解，其行为也往往会偏离经典经济学理论中关于理性人的最优决策（Agarwal et al., 2017）。虽然理性个体的理性行动会自在地演绎出经济世界的各个具体环节和均衡秩序（程恩富和胡乐明，2002），但思想认知观念会对个人理性行为的不足起调适作用（哈耶克，1997），即认知偏差往往会导致决策偏差，继而会出现系统性的非理性行为（Kahneman 和 Tversky，1979）。这是因为人们在决策过程中容易受到信息、情感等因素影响形成认知偏误，从而对决策行为产生影响（Tversky 和 Kahneman，1981）。借款者对消费信贷可能形成不同的认知，消极的债务认知或者是积极的财富认知。因此，借款者对消费信贷认知分化意味着对决策函数的界定选择不应该以"偏好内在一致性"公理为轴心，对效用函数的刻画要重视认知过程和体现价值预期的风险偏好（何大安，2014）。当对财富预期形成债务认知时，消费者在内容的选择上会倾向于实用性消费，而当对财富预期形成财富认知时，消费者往往倾向于享受型消费。显然，这种认知匹配效应也并未引起学术界的广泛关注，致使现有研究结论效力的下降。

综上，现有文献存在两个不足：一是没有考虑到消费信贷过程中农户决策者的心理活动会产生财富预期，还停留在消费信贷的货币财富研究上；二是消费信贷对农户消费的财富预期效应并未引起重视，财富预期大小不仅会影响消费支出规模，同时，对财富预期的不同认知会带来消费内容选择的差异性。

3 理论构建与分析框架

前文介绍了消费信贷的理论基础和现有研究文献，但并未深入剖析"信贷—财富—消费"之间的逻辑关系，以及消费信贷财富预期的产生过程，财富预期影响农户消费的内在机制。因此在对消费信贷财富预期的消费效应进行实证验证前，有必要对消费信贷财富预期的概念界定、产生过程和核算方式进行分析，财富预期影响农户消费选择的逻辑链条也有待进一步厘清，从而为本书实证研究提供丰富理论基础和来源，为后文实证研究设计等相关主题的演绎做出铺垫。

3.1 消费信贷需求产生的理论机制和现实诉求

3.1.1 消费信贷的产生理论机制

冯·纽曼和摩根斯坦创立的效用理论成为经济学界研究消费者行为选择的根基，然而由于经济个体的行为选择是理性选择与非理性选择的同构（何大安，2005），故以完全理性为前提的效用理论无法解释一些农户的非理性行为。随着研究的深入和经济理论的发展，以前景理论为代表的非主流经济学则可以有效地解释居民的非理性行为。从本质上看，效用理论描述的是居民决策的长期行为，而以前景理论为代表的行为经济则主要描述的是居民短期行为（Levy 和 Wiener，2013）。对于农户借款者而言，消费信贷的主要目的是为缓解目前资金不足，通过收入的跨期配置来实现效用最大化。为有效研究农户消费信贷需求的金融活动，本书有必要厘清农户借贷活动背后的理论脉络，从而为后文的研究奠定理论基础①。

按照莫迪利安尼等生命周期理论学派的观点，农户的消费行为都是理性的，他们会基于实现效用最大化来合理配置自己一生的财富，从而实现生命周期范围内消费的平稳。理论上讲，消费者都有实现生命周期内财富最佳配置和效用最大化的动机和冲动，但由于消费者拥有财富的时间限制，往往面临生命周期与财富周期冲突，财富的时间价值和消费品价值冲突。生命周期与财富周期的偏离表现在，在整个生命周期范围内，农户家庭财富的配置会随着时间的推移（表现在年龄的增大和阅历的增多），财富积累逐渐丰厚起来，在生命后期达到最大。因此，家庭财富的配置并未平均配置于生命周期的各个阶段。生命周期与财富周期配置的这种失衡进而引发财富的时间价值和消费品价值冲突，财富的时间价值意味着财富的前置可以带来消费多样化选择。与此相反，消费品价值会随着产品的更新换代而失去对消费者的诱惑力，因此，消费者对消费品消费缺乏耐性而表现出正的时间偏好。总之，消费者的财富禀赋资源并不能很好地满足其消费需求，会面临较严重的流动性约束。

借鉴龚六堂（2001）理论，可将农户家庭的收入函数形式表示为柯布道格拉斯函数

$$Y_t = \beta K_t{}^{\alpha} L_t{}^{1-\alpha} \tag{3.1}$$

其中，Y_t 为农户在 t 期的可支配收入；K_t 为技术或知识因素；L_t 为农户劳动付出，是工作时间 t 的函数表示；β（$\beta > 0$）为工作效率系数，α（$1/2 \leq \alpha < 1$）、$1 - \alpha$ 为农户家庭的创新指数。那么，农户家庭在生命周期范围内的财富水平可表示为

$$W = \int_0^T Y_t e^{-rt} \mathrm{d}t = \int_0^T \beta K_t{}^{\alpha} L_t{}^{1-\alpha} e^{-rt} \mathrm{d}t \tag{3.2}$$

其中，T 为退休的时间，$0 < r < 1$ 为市场贴现率。

此外，对于风险态度，农户是风险规避的，效用函数表示为

$$U_t(C_t) = u(C_t) = \frac{C_t{}^{1-\delta}}{1 - \delta} e^{\rho t}, \ \delta > 0 \tag{3.3}$$

那么，农户在整个生命周期内的总效用可表示为

① 为避免重复，本书此部分只针对长期视角下的效用最大化来对金融活动进行分析，而短期的前景理论待后文进行详细说明。

$$U_t(C_t) = u(C_t) = \frac{C_t^{1-\delta}}{1-\delta}e^{\rho t}, \ \delta > 0 \qquad (3.4)$$

其中，$0 < \rho < 1$ 为时间贴现率（心理贴现率），C_t 为农户家庭在 t 期的消费支出，T_0 是消费者的生命周期，$\delta > 0$ 是消费的边际效用弹性，反映了消费活动对农户家庭效用的重要程度。

显然，农户消费活动满足非庞氏博弈条件[①]，那么在生命周期（T_0）内消费者的财富存量为 K_{T_0}。因此，农户家庭面临的预算约束可表示为

$$W = \int_0^{T_0} C_t e^{-rt}\mathrm{d}t + K_{T_0}e^{-rT}, \ K_{T_0} \geqslant 0 \qquad (3.5)$$

其中，$0 < r < 1$ 为市场贴现率，K_{T_0} 为消费者期末财富存量，W 为消费者拥有的总财富。

通常来说，在整个生命周期内，农户家庭消费的目的是在预算约束下追求效用最大化。家庭消费（C_t）支出的多少决定了效用的大小，财富存量 K_T 对消费效用并不产生直接影响，这是因为伴随着时间的流逝，财富存量也会消费殆尽。因此，消费者效用最大化可表示为

$$\mathrm{Max}(U) = \mathrm{Max}(\int_0^{T_0} \frac{C_t^{1-\delta}}{1-\delta}e^{-\rho t}\mathrm{d}t) \qquad (3.6)$$

追求效用最大化的问题可构造 Hamilton 函数（λ 是 Hamilton 乘子）

$$H = \frac{C_t^{1-\delta}}{1-\delta}e^{-\rho t} + \lambda C(t)e^{-rt} \qquad (3.7)$$

最大化条件

$$\frac{\partial H}{\partial C} = C_t^{-\delta}e^{-\rho t} + \lambda e^{-rt} = 0 \qquad (3.8)$$

欧拉方程式为

$$\lambda = -\frac{\partial H}{\partial W} = 0 \qquad (3.9)$$

联立求解得到

$$\frac{C_t^{'}}{C_t} = \frac{r - \rho}{\delta} \qquad (3.10)$$

---

① Romer（2000）认为消费者不是通过借新债还旧债的方式维持自己的消费水平，而是在预算约束下实现效用最大化。

通过欧拉方程求解最优消费路径 C_t 及初始消费 C_0：

$$\begin{cases} C_0 = \dfrac{(\frac{r-\rho}{\delta} - r)W}{e^{(\frac{r-\rho}{\delta} - r)T_0} - 1} \doteq \dfrac{\theta}{e^{\theta T_0 - 1}}W \\ C_t = C_0 e^{gt} \end{cases} \tag{3.11}$$

其中，

$$g = \frac{r-\rho}{\delta}, \theta = \frac{r-\rho}{\delta} - r \tag{3.12}$$

由式（3.12）可知，当市场利率（r）和时间贴现率（ρ）存在 $r < \rho$ 关系时，$g < 0$，农户消费的最优消费路径 C_t 表现出递减特征，当期消费效用（C_t）要高于未来消费效用 C_{t+1}。δ 为边际消费弹性，其值越大，意味着一单位比率的消费增量越能带来更多的效用比率，越能激发农户当期消费。此种情景下，效用最大化原则驱动着消费者调整消费资源配置，将更多的资源匹配于增加即期消费而不是未来消费。换言之，消费者实现效用最大化的前提条件是要有足够的流动性支持。

然而，和古典经济理论不一致的是，现实消费环境的复杂性，特别是我国农村地区相关社会保障制度不能实现有效供给，农户一般都具有预防性储蓄意愿，从而为了应对未来不确定性的储蓄挤出了家庭当期消费。根据凯恩斯等学者的消费理论可知，农户消费支出主要依赖于经济收入，在其生命周期内，凯恩斯主义者创造的财富可表示为

$$W_t = \int_0^t Y_t e^{-rt}\mathrm{d}t = \int_0^t \beta K_t{}^\alpha L_t{}^{1-\alpha} e^{-rt}\mathrm{d}t \tag{3.13}$$

再者，如果消费者都是按平均消费倾向进行消费决策，那么，消费者在整个生命周期内所累积的消费支出为

$$C_t = a \cdot W_t = (1-b) \cdot W_t \tag{3.14}$$

其中，a 和 b 分别为边际消费倾向和边际储蓄倾向。

由预防性储蓄可知，在 t 期末农户家庭的储蓄为 $s \cdot W_t$。因此，在生命周期初期的理性消费者是典型的凯恩斯主义者，通过初期财富积累和储蓄为后期消费奠定物质基础，从而在整个生命周期内优化资源配置，实现平滑消费支出，最大化消费效用的目标。从前面分析可知，当市场贴现率（r）和时间贴现率（ρ）存在 $r < \rho$ 关系时，消费者会倾向于增加当期支出。通常而言，在农户消费决策过程中，消费的增加依赖于自身的经济资

源禀赋（当期收入、储蓄和其他资产）。但当自有资源不足以支持其行为决策时，便会出现流动性不足，从而影响其进一步的消费支出。因此，为最大限度实现消费的最佳效用，农户家庭开支需要充足的流动性支持，进而产生了消费信贷需求。

总之，只要追求消费效用最大化，作为一般意义上居民的农户决策者也都会按最优消费路径来平滑消费。当市场贴现率小于时间贴现率时，理性的消费者都会扩大当期支出，减少未来支出。当自身经济资源无法缓解流动性约束或者出现预算约束时，农户家庭为平抑短期消费波动，维持家庭生存开支需求，也会在金融市场寻求信贷支持，从而实现靠外部金融市场获取融资支持来缓解家庭流动性紧张的问题，以便在生命周期内可以实现财富的最佳配置。

3.1.2 消费信贷产生的现实诉求

和一般意义上的居民相比，农户既是消费单位，又是生产单位，更是农村社会基本组成单位，因此对农户而言，在生产过程中、人际交往中或生活中都会遇到资金不足状况，此时农户需要在金融市场获得信贷支持来满足其不同类型的消费开支需求，这是农户消费的特殊性所在。就本书的主要研究内容看，仅考虑农户的生活性消费，当进行生活性消费时，农户和一般意义上的居民消费表现出共性强而异性弱特征。前文从整个生命周期范围内论述了农户消费信贷需求产生的数理机制分析，从理论上看，消费者追求效用最大化是农户产生消费信贷需求的内在动力。然而从金融市场现实场景看，流动性约束会降低居民消费（徐亚东 等，2023），农村家庭消费时出现预算约束进而产生信贷需求动机，这是农户进行信贷行为的主要原因之一。但促使农户寻求信贷支持并不仅仅是经济因素，社会和心理因素也是农户进行融资的重要因素，可以说，居民信贷的主要目的不仅有预算约束等经济因素，还有维系社会网络等社会因素以及非替代性的心理因素等（见图 3.1）。

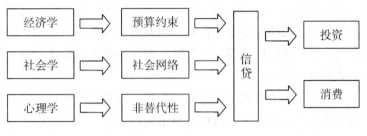

图 3.1　信贷动机分析

3.1.2.1　经济因素

通常来说，农户家庭首先利用自有经济资源来实现消费目的，只有自有资金出现缺口时才会寻求融资支持。对于一般的农户而言，信贷需求结构按照借贷资金用途的金额占比可分为生产性信贷和消费性信贷（顾宁和范振宇，2012），生产经营投资所需的资金一般具有周期长、规模大的特点，而对于消费所需的资金一般是短期性和规模小的[①]。基于资金用途差异性的考虑，在金融市场进行融资时农户往往寻求属于不同的信贷供给主体。如果借款是用于生产经营活动，这类借款一般规模较大并且是长期的，此时资金需求方往往倾向于向正规金融机构寻求借款；如果借款用途是用于生活开支，这类借款规模较小且往往是短期，非正规金融在这方面服务则具有先天的优势。

从需求方看，居民借款额度越来越多，对消费贷款的需求也相应增加（邱黎源和胡小平，2018）。我国消费信贷市场规模从 2010 年的 7.5 万亿元增加到 2016 年的 23 万亿元，并且以较高的增速未来可达到 41 万亿元[②]。一旦消费者自有资金出现流动性不足时，可以从广阔农村金融市场获得融资的可能性也随之增加。随着农村金融政策的发展完善，农户信贷资金来源渠道由不正规的小额贷款渠道逐渐转变为正规信贷渠道（王延涛，2024），显然，有大资金需求时，银行等正规金融部门仍然是农户借款的主要途径，这是因为在农村金融市场中，正规金融机构由于拥有政策、布局、时机等优势，加上在农村金融市场形成初期对非正规金融的政策限制，使得在一定时期内正规金融是农村金融供给的唯一合法主体，因此，

---

① 张梓榆等（2018）通过调查发现，农户主要从事劳动密集型生产，资本—劳动比较低，他们信贷需求主要为生活性的，资金需求量小，期限短。

② 数据来源于利基研究院分析报告。

在农村金融市场上占据绝对优势，借款者的首要借款对象为银行、农村信用社等正规金融部门。但目前，我国农村金融发展还存在一些问题，部分农村地区金融机构网点较少且分布不均匀，农村资金外流问题严重，金融机构的不良贷款增多，导致金融机构设立的贷款门槛增高（段秀娟和张海波，2022）。由于正规金融在服务内容、服务半径等方面无法满足农村居民的多层次金融需求，更重要的是，在信息不对称、收入不确定和抵押品不足等因素交织影响下，正规金融机构对农户的信贷需求存在着普遍的"惜贷"行为，而农户往往需要预支未来进行消费（朱信凯和刘刚，2009）。尤其是在农村地区，受正规金融机构功能性缺失和制度性缺失的影响，农村居民在寻求正规金融服务时往往会受到更为严重的金融排斥（王修华和谭开通，2012）。在正规金融功能性和制度性双重缺失时，居民不得不利用自身社会资本拓宽融资渠道来源以平滑消费支出。非正规金融的存在能够有效提高居民效用水平，扩大当期消费（朱信凯和刘刚，2009）。通过亲友等非正规部门获得的金融服务在信息甄别、监督、合约执行上有着天然的优势，但亲友等非正规金融部门的资金供给受限，无法为借款者提供持久的、足额的信贷支持，无法取代银行等正规金融部门为借款者提供金融服务的作用（张梓榆 等，2018）。或者说，亲友间的非正规贷款可以有效满足居民的短期性、小额度的贷款需求，而在大宗金融时只能求助于正规金融部门（黄祖辉 等，2009）。此时，银行等正规金融部门的信贷支持是农村借款主体的重要依赖途径（黄祖辉 等，2007；程郁等，2009）。因此，对于农户而言，家庭消费缺口规模的大小直接决定了融资来源，在亲友等非正规金融无法满足的情况下，农户会寻求正规金融部门信贷支持，从而满足家庭消费开支需求。因此，随着居民消费观念的转变和生活水平的提高，出现资金不足时，农户可以在金融市场获得所需融资。

从供给方来看，随着农村金融改革的纵向推进，农村金融市场逐渐形成了以政策性金融、商业性金融以及农村合作金融为主的金融体系（殷浩栋 等，2018），并呈现出二元共生的特征①。传统上看，按照信贷配给理论，银行尤其是大银行倾向于给那些能够提供充足抵押的项目放贷（Stiglitz 和 Weiss，1981）。但伴随农村居民人力资本、收入和抗风险能力

---

① 朱信凯和刘刚（2009）认为农村金融供给主体包括正规金融和非正规金融两个方面：一方是以商业性金融为基础的正规金融，另一方是指私人借贷、地下钱庄等在内的非正规金融。

不断向好，农村居民越来越表现出摆脱社区共同责任的行为能力和内在意愿，正规信贷机构开始将注意力向农村转移，更愿意将农村居民视为合格客户（米运生 等，2017）。尤其是国家和社会把农村金融改革政策、健全政策支持体系、推动金融创新作为主攻方向，更多金融机构向农村基层下沉，农村金融服务功能得以逐步释放。2007—2016 年全部金融机构涉农贷款余额累计增长 361.7%，其间平均年增速为 18.8%。涉农贷款余额在 2007 年为 6.1 万亿元，到 2016 年增加到 28.2 万亿元，涉农贷款余额在各项贷款余额中的比重在 2007 年和 2016 年分别为 22%和 26.5%[①]，正规金融机构的农村消费信贷更是达到 1.429 9 万亿元，占各项贷款比重仅为 1.7%。总之，从供给方来看，农村金融供给的增加为缓解农村信贷约束提供了可能，金融供给侧的改革和需求侧的增加为农户信贷行为的发生提供了有利环境。

3.1.2.2　社会因素

我国传统的金融行为是嵌入差序性社会关系网络中的，况且中国农村社会存在浓烈的乡土意识，任何经济活动都会嵌入所处的社会关系网络中。社会学视角下的金融需求者并不是单纯的理性经济人，而是具有一定的现实理性特征。所谓现实理性，是指经济个体进行经济活动的目的并不仅仅以价值或经济利益为导向，也会积极考虑人际关系及其衍生出的其他伦理等非经济因素，显然他们不仅在经济利益考量，更多地考虑了以后社会交往中的认可度，因此，往往把情感因素和理性因素进行结合（鞠春彦，2006）。

不同于经济学上的预算约束动机，农户进行金融活动的主要目的是在缓解资金流动性不足的同时，也会基于某种社会网络联系需要而进行金融活动。由于农村社会贫富差距的存在，较为富裕的群体在社会网络关系中居于有利地位，拥有较强的社会资本，所以很多农民出于现实利益的考虑非常愿意和这些精英人物交往（杨善华，2004）。当然，农村社会相对封闭，农户家庭的社会活动一般围绕亲缘、血缘和地缘关系三个维度展开，缺乏横向流动水平和纵向垂直流动，这也为富裕居民提供了展示社会资本的机会，当然，富裕阶层家庭也愿意通过信贷途径积极展示自己的社会资本。他们通过信贷渠道向社区居民提供的信贷机会多，因此在社区中的声

---

① 数据来源于《中国农村金融服务报告（2016）》。

誉也有提高（费孝通，2006）。同时，资金的需求方农户也通过自身社会资本来寻求社会关系网络的深化，通过金融信贷活动，增加了和资金供给方的经济联系、社会联系和情感联系，从而拉近了供需双方的地理距离、心理距离和感情距离，从某种意义上说，他们的信贷活动是围绕巩固社会关系服务的。我国是一个典型的关系型社会（Yang，1994；Bian，1997），乡村居民融入当地亲缘、地缘和血缘交织形成的社会网络中，其金融行为是嵌入差序性社会关系网络中的（费孝通，2006），特别是以亲属为核心的社会网络中（程士强，2011）。通过社会网络中的金融纽带，在加强同其他网络成员间经济联系的同时，拉近了彼此的情感距离，重塑了社会网络进而增强了社会资本（Bourdieu，1986）。此外，我国亲友间经常发生相互周济性质的信贷活动，在自己资金充裕时会向困难人群免费提供资金，助其渡过难关。作为回报，当其暂时身处逆境时，自然也会获得别人的资金帮助（叶敬忠 等，2004）。本质上看，己助他人，是自己贴现他人实现效用最大化；他人助己，是他人贴现自己实现效用最大化。从这个层面看，农户行为并非是自私的，其行为表现出追求安全第一的生存伦理而非经济利润最大化的道义经济特征（斯科特，2001）。农户既是道义经济的施惠者，也是道义经济的受惠者。许雁（2022）认为，弱社会网络关系对正规渠道借贷可得性、正规渠道借贷额度及非正规渠道借贷额度都有显著的正向影响。因此，在流动性不足时，农户自然会积极向道义经济市场寻求信贷支持。总之，农户进行消费信贷融资活动的目的不仅仅是经济上缓解预算约束，还有维系亲友宗族网络的社会需求。

3.1.2.3 心理因素

经典理论表明，同等价值的金钱在使用时是可以相互替代的，即金钱并没有标签属性，这就是财富的可替代性。但众多研究也发现，人们会对财富进行分类管理，不同的财富归入不同的账户，不同账户间的财富是不可相互替代的，Thaler（1985）则把这种现象称为财富的"非替代性"，将这种金钱不能很好转移、不能完全替换的特点称之为"非替代性"。原因在于，获得财富过程中的成本付出是不同的，农户会在心理上对此进行得失衡量。据此，按来源、支出、成本等将财富将归入不同的账户，每个账户单独核算。但按照预防性储蓄理论，农户家庭会为未来打算从而增加或维持在银行账户中的财富存量，而不愿意增加当前消费。但农户在出现自有资金流动性不足时，不仅不会将银行账户中的储蓄财富转化为可用于消费的流动性现金，反而会在金融市场寻求额外支持。在 2014 年中国家庭追踪调查数据（CFPS）中，农村居民拥有金融、房产等财富资产，在出现自有资金流动性不足时，有一些居民并不是寻求自有资产的变现，而是向银行、亲友等金融部门寻求支持。数据表明，在 1 082 份有效样本中，这样的家庭样本数为 592 份，占总样本数的 54.71%，说明居民并不是最大化合理配置其财富资产，而是依据某种原因来对财富进行调节分析。

显然，农户消费出现资金缺口时，并不是通过内力（主要为将家庭资产进行部分变现）来舒缓流动性，而是在金融市场寻求信贷支持，出现了 Kahneman（1981）所谓的金钱的替代性功能失灵。按照 Thaler（1985）心理账户理论，这是因为农户在进行经济活动时，也会构建心理账户，并且对每种不同财富来源的资金匹配相应的消费支出账户，每个账户间不能相互替代，因此农户在进行分类时，每部分财富都有明确的消费标的。特别是通过亲友间借款往往是无息的，并不需要付出经济成本，虽然是将自身家庭未来财富前置，但这种时间贴现是由亲友来负担的，因此，进行金融活动获得信贷支持的沉没成本较低，这更激发农户向亲友进行借款。总之，对于通过辛苦付出的工资性收入而产生的储蓄账户，农村居民显然已经从心里对这些资金的使用有了明确的方向，即使出现现金流动性不足也不会改变资金的使用方向。因此，出现流动性不足时，农户一般会选择从金融市场获得消费信贷支持。此外，社会资本的数量和质量、农户的借贷（消费）心理会直接影响农户"心理账户"余额和分布结构，从而影响农户的借贷决策。拥有相同社会资本的农户，若其借贷心理不同，也会做出不同的借贷决策（陈芳，2018）。

3.2　消费信贷与财富预期：产生机制和量化公式

金融市场提供的信贷支持主要分为生产性信贷和消费性信贷。信贷作为一种资源配置，在市场竞争环境中发挥了重要的规模效应。信贷本身作为一种流量财富，直接为农户提供消费融资支持服务，提高农户家庭的购买能力，在生命周期内平滑其消费支出。这些领域的研究是现有消费信贷对农户消费财富效应研究的重点和热点，虽然本书是基于财富视角来研究农户消费行为，但显著有别于传统对物质财富的研究，本书从行为经济学视角来分析重估消费信贷的财富价值变化形成财富预期及其对农户消费行为选择影响。

3.2.1 财富预期的概念界定

财富概念是经济学的重要内容之一，而以货币资本为主体存在的社会形式构成了现代社会财富的核心体系。随着经济社会格局的转变，农户对财富的内涵和外延认识不断扩大，对财富不断赋予新的内涵和形式。农户对财富的界定首先源于财富的经济属性，而这首先是围绕着财富的物质属性，即财富客观存在性和满足农户需求的使用价值。可以说，农户对财富概念的认知、理解和其所处的经济环境相关，但对财富的认知较为原始，这是因为受限于社会所处阶段，社会各界在财富概念的理解上不可避免地出现狭隘性和静态性（杨娟和贺巍，2012）。一般来说，农户重视财富的使用价值，却往往忽略了财富的虚拟价值。财富的价值分为两部分，一是使用价值，主要满足居民的物本需求；二是虚拟价值，主要满足居民的心理需求（王子龙和许箫迪，2012）。因此，农户对财富的认知过程逐步加深和丰富[①]。

一般来说，财富有其存在的社会形式和表现内容。在不发达的商品经济社会时代，商品就是财富的代表，主要是因为商品是可以满足居民的某种需要的各种物理实体，其社会价值反映出其社会存在形式。不仅出现有形财富，还会出现无形的虚拟财富。随着社会的进步，虚拟财富的出现拓展了人们对财富的认知范围（马拥军，2014）。虚拟财富有其存在的现实背景，因此可以说虚拟财富的出现拓展了财富的认知内涵。但虚拟财富不同于真实财富，它自身没有价值而只有价格。马克思认为，财富的存在必然以其存在价值为前提和基础，财富的社会价值要反映时代特点，或者说反映某种特征的社会形式必然匹配于其所处时代的生产力发展水平。对财富而言，财富的社会存在形式要反映时代变化，但财富终归要满足人的某种需要，所以，能满足人们心理需求的一切物质形态抑或是非物质形成都可归结为财富。对一般意义上的财富进行凝聚、浓缩、存贮和转化成能给人们带来某种满足感（林左鸣，2005）。对财富的认知并不仅仅局限于有物质存在属性的商品，尤其是虚拟资本，因其可创造真实财富，也被指是

---

① 由于消费信贷的财富预期属于虚拟财富，本书主要围绕农户对虚拟财富的形成过程来介绍财富预期。

财富的一种形式，只不过以价值形式存在而已（刘骏民，2002）。但根据财富的存在形态与功能不同，农户对财富的认知可分为经济型虚拟财富、社会型虚拟财富和心理型虚拟财富。

（1）经济型虚拟财富。对于农户而言，通常来说，财富有其固有存在形态，但随着时代的发展特别是虚拟经济的发展，虚拟经济也能给农户带来财富，甚至在某种程度上可以说，虚拟财富并不依托于有形物质，而是反映出社会权利义务关系或某种社会联系的形态都可被认为是财富（彭定赟和张飞鹏，2016），但虚拟财富效应的发挥要依附于物质财富，在一定条件下可以转换成物质财富满足人们的需求。在资本主义的发达时期，特别是金融市场的高度发展，财富形态遮蔽了剩余价值的传统生产范式，表现出丰富的多样性和一定的独立性。以金融市场为基础的证券、期货等产品是虚拟财富的重要表现形式（刘金全，2004），依托于虚拟经济基础上的股票、债券、基金、保险及其他金融衍生品等虚拟财富成为富裕农户经济活动的主要标的，通过金融资产交易可以获得财产收入，从而有利于财富的增加。可以说，虚拟财富就是有助于增加实物财富价值的各类关系在所有权权证上集中的表现（张家喜，2008）。经济型虚拟财富主要指股票、债券、期货、期权及其指数，以及各种产权证书、各种金融衍生品等。它们不仅是一种财富符号，更是一种潜在的财富符号，甚至可以通过金融市场产权变更帮助居民获得真实的货币财富。从本质上看，它们仅仅是一种财富代表符号（张仁德和王昭凤，2004）。

（2）社会型虚拟财富。与股票、债券等经济型虚拟财富不同的是，社会型虚拟财富主要指通过网络关系、声望信誉等来影响经济行为决策。社会网络影响了我国农户家庭借贷渠道的选择及借贷额度（许雁，2022）。我国是一个典型的关系型社会（Yang，1994；Bian，1997），社会成员之间经济互帮互助，因此一群特定人之间的所有正式与非正式的社会关系的总和——社会资本，也是居民拥有的虚拟（无形）财富。这是因为社会资本蕴含着人际关系及其反映物质环境和文化共享的社会关系（Mitchell，1969；Granovetter，1985；Joel 和 Karen，1998），这类财富在缩小收入差距，为居民提供融资、信息等服务发挥了重要作用。不仅仅是社会关系，在更为宽泛视角下，信用（林左鸣，2011）、声望（齐良书，2006）、人力资本（赵茂林，2013）、安全（李海舰和原磊，2008）也都能满足人们心理需求和生理需求，因此社会资本也都被农户纳入虚拟财富范围。

（3）心理型虚拟财富。心理型虚拟财富主要和农户的心理活动相关，由心理活动而产生的财富称为心理型虚拟财富，主要满足农户的心理需求，财富预期主要满足农户心理需求，因此也被视为一种虚拟财富。因为收入预期可显著影响农户决策，因此传统经济学包含心理型虚拟财富的思想，Carroll（1997）、Lusardi（1998）等认为对收入的预期可显著影响消费者行为选择，财富是居民消费的物质基础，因此未来收入的预期也可以归结为虚拟财富；以 Kahneman 和 Tversky（1984）、Thaler（1985）等为代表的行为经济学派也提出了财富预期思想，他们认为经济个体会对财富的来源进行记账、编码、估价，将估值结果储存在心理账户中，进而作为调解居民经济决策的预算资源（Heath 和 Soll，1996），显然这部分财富也和原有的物质载体有很大的不同，这样的财富被称为形成财富预期。此外，不仅仅是心理账户核算产生虚拟财富，人们将包含亲情、友情和爱情等在内的情感都纳入人文财富的范围（李海舰和原磊，2008），甚至将未来财富变化预期也纳入虚拟财富范围（Stigelize，2015）。从对应的载体来看，它们本质上也都属于虚拟财富。

总之，农户对财富概念的认知会随着历史的发展而嬗变，从财富的实体性到财富的虚拟性不断丰富，但不论财富的外在形式如何变化，其内在的、本质的使用价值属性或满足居民效用的功能却是亘古不变的。财富的时代特点，财富存在的价值表现在两个方面：一是财富使用价值，二是财富的虚拟价值（王子龙和许箫迪，2011）。物质财富和虚拟（心理）财富有着同条共贯的源流关系，虚拟财富的胚胎发育的确是由物质（有形）财富资本发展而来，并又表现出丰富的形式。如表 3.1 所示：

表 3.1　虚拟财富内涵

虚拟财富类型	财富内涵	代表作者
经济型虚拟财富	债券、股票、保险等金融衍生品资产、各种产权证书	刘金全（2004）、张仁德和王昭凤（2004）、李宝翼（2005）
社会型虚拟财富	信用、社会资本、人力资本、及声望	Mitchell（1969）、Granovetter（1985）、Joel 和 Karen（1998）、林左鸣（2011）、齐良书（2006）、赵茂林（2013）、李海舰和原磊（2008）

表3.1(续)

虚拟财富类型	财富内涵	代表作者
心理型虚拟财富	情感、预期、估价	Carroll（1997）、Lusardi（1998）、Stigelize（2015）、Kahneman 和 Tversky（1979，1984，1992）、Thaler（1985）、李爱梅等（2014）、周静等（2010）

经济个体出于经济学、社会学和心理学等视角来寻求金融支持，在获得融资额度的同时也带来了自身财富累积的增加。因此，对于借款者而言，直接的信贷支出可以获得大量的货币财富，当然不仅仅是货币符号，还能通过媒介作用获得商品的使用价值，或者通过信贷的投资功能实现价值增值进而获得较多的财富积累，最终为经济个体经济决策提供物质基础，这就是物质（有形）财富的使用价值的体现。和物质（有形）财富相比，财富预期主要满足居民需求的虚拟价值。Kahneman 和 Tversky（1984）、Thaler（1985）等行为经济学派认为经济个体会对财富的来源进行记账、编码、评估，进而形成财富预期，从而影响到消费决策。尤其对于农户而言，在家庭消费出现流动性不足时，为维持生存需求，需要在金融市场融资来舒缓流动性，但在金融活动过程中，由于收入不稳定而对未来担忧，无力清偿债务而出现违约，从而影响农户在金融市场上再次融资的可能性，所以会对消费信贷的未来财富价值进行判断，这其实是对未来风险的一种预判。对农户而言，主要面临收入的不稳定性及因此而衍生出的信贷约束，社保制度对农户生活的支撑作用有限，故农户会更加重视未来风险的判断。所谓消费信贷的财富预期，是指在金融活动过程中，农户借款者根据未来有无还款能力或者违约可能性的不确定后果（Kahneman 把不确定性后果称之为前景）来建立心理账户，并对不同前景下金融财富重新进行价值判断从而形成财富预期。即财富预期是借款者以未来前景为基础而对金融财富进行估价（价值判断）的结果。当然，为和传统预期相区别，本书将财富预期的结果称之为心理财富（虚拟财富）。从财富的存在状态看，相对于会计账户的物质财富而言，财富预期并无实体形式，仅仅满足借款者的心理需求。可以说，财富预期是金融货币财富使用价值的一种虚化，其价值的释放必然要以物质财富为载体和根基。总之，伴随消费信贷，借款者在心理上对货币财富进行价值估算的结果即为财富预期。通过消费信贷，借款者对未来违约风险的担忧促使其对未来金融财富的价

值进行预判，从而形成财富预期。财富预期以消费信贷为载体，因此一旦借贷行为完成，心理核算的财富预期也随之消失。

消费信贷作为一种跨期的财富配置，自身的货币符号意味着可以帮助农户家庭实现消费效用，因此信贷本身是一种财富象征。消费性信贷则直接为借款者提供信贷资金用于消费开支。这种物质层面的财富必然影响到农户行为决策。然而不同于会计账户对物质财富的核算，在消费信贷物质财富基础上，借款者会从心理账户对物质财富进行重新核算，因此赋予物质财富心理学内涵，即产生了财富预期。总体上看，物质财富和财富预期存在时间上的先后顺序和空间上的依存关系。物质财富和财富预期对应于不同的核算方式，二者既有区别，又有联系。

区别：①从理论来源看，实物财富和以财富预期为代表的虚拟财富的理论来源明显不同，传统理论认为财富是剩余产品累积的结果，其理论自然建立在劳动价值论上，而财富预期或虚拟财富则建立在生活价值论上（林左鸣和吴秀生，2006）。其中，所谓生活价值论的初衷是居民感受到的幸福生活，更加强调居民的主观感受。当然，生活价值理论和劳动价值理论并非没有关联，生活价值理论是新时期劳动价值理论的一种反映。换言之，实物财富主要说明劳动是财富来源，而财富预期或虚拟财富则表现出追求价值的终极目的。②从存在状态看，物质财富是可以被感受到的，而财富预期只能存在于内心而不能被触及。物质财富是能被借款者感受到的一种价值符号，这种价值符号充当一种交换媒介，可以让借款者获得某种商品的使用价值，从这个角度看，物质财富等同于其他可转化为实物的资产；有别于物质财富，财富预期则是借款者对未来财富的一种价值重塑或者是心理账户估算的结果，财富预期本身并不具有实物状态，仅仅反映借款者的心理反应过程。③从产生过程看，物质财富在前，财富预期在后。物质财富是借款者基于会计原则而形成财富认知，财富预期则是建立在物质财富基础上的进一步延伸和拓展，是物质财富衍生的一种财富预期，消费信贷不仅可以产生物质财富，还可以产生财富预期，但二者存在时间上的先后顺序，消费信贷先产生物质财富进而产生财富预期。

联系：①依存关系，消费信贷产生的物质财富是根本，财富预期是衍生，在满足某种条件时可以相互转化。财富预期是借款者在物质财富基础上赋予心理属性的结果，可以说财富预期是物质财富的一种虚化。二者在一定条件下可以相互转化，当且仅当在未来还款确定性条件下，消费信贷产生的物质财富等同于财富预期。②功能关系，财富预期是物质财富功能的一种补充。物质财富通过市场交换实现财富的价值，而财富预期则根据经济环境变化对物质财富的未来期望值进行调整，然后通过财富预期来对物质财富的功能进行调节。③表征关系，物质财富和财富预期都是财富价值的不同表达。物质财富强调了财富在会计账户中的使用价值，而财富预期则是考虑到还款不确定性场景下财富的价值进行重新估价的结果，反映了财富满足借款者心理需求的属性。

3.2.2 财富预期的产生机制

从前文消费信贷财富预期的概念看，是由于农户因收入不确定性而担忧未来违约从而对消费信贷的未来财富进行重新估计，形成了财富预期。形成财富预期的前提是农户构建心理账户，这是因为依照心理账户观点，在进行经济决策时，农户往往会从心理上对财富的来源进行编码、记录、分类和估价，对财富的认知过程构建消费者心理账户（Thaler，1999；李爱梅 等，2007）。实际上，心理账户是普遍存在的（周静 等，2011），不管是农户还是个体，每人都有明确的或潜在的心理账户系统，建立心理账户是每个经济个体的下意识行为（Heath 和 O'curry，1994）。从财富预期的概念来看，财富预期是农户借款者根据获得财富的难易程度对财富进行估价的结果。按照 Kahneman（1979）的观点，农户进行经济决策过程中，会综合衡量各种经济后果，并且会对金融财富进行价值判断。显然，农户借款者在心理上对财富进行估价，遵循着最简单的得失比较，但这并非完全是经济意义上的价值判断，农户进行得失评价的标准主要是基于"值函数"和"决策权重"，农户对消费信贷财富预期产生机制可描述为：通过心理账户的编辑阶段和评估阶段来构建价值函数和决策函数，并估算出未来前景（不确定事件）下的前景值，即是消费信贷产生的财富预期。如图3.2 所示。

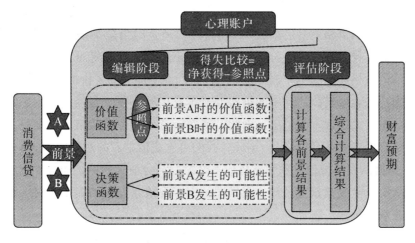

图 3.2　财富预期的产生过程

　　首先是值函数。农户决策者通常会构建不同前景下的决策函数整体刻画价值判断。显然，这种价值函数是关于事件发生时，农户主观上认知的价值，而决策函数是主观事件发生概率的主观认定。再进一步通过前景理论 [Kahneman（1979）等把未来不确定性定义为前景]，使用价值函数而不是效用函数来反映相对于某个参照点的收益和损失。当然，价值函数是相对水平而非财富的绝对水平。参照点的变化可以引起价值的相对变化，因此，农户认知的收益和损失也会随之变动。对于价值函数的构成，依据 Thaler（1985）的观点，交易效用可进一步分为获得效用和交易效用。其中，获得效用是指农户获得借款额的价值，减去支付的价格；交易效用衡量"交易"的感知价值，它取决于支付金额与商品的"参考价格"之间的差异，即借款者期望为此产品支付的正常价格与实际价格之间的价差。或者说获得效用是由购买价格和商品（或服务）的价值所决定，而交易效用则由购买价格与参考价格对比决定。

　　假设 p 为购买商品 Z 所支付的实际价格（也可称为沉没成本），$\bar{p}$ 为商品或服务的价值，此情景下的获得效用的价值评判可表示为 $v(\bar{p}-p)$；参考价格 p^* 为消费者认为商品或服务"合理"的价格①，则交易效用可表示为 $v(p^*-p)$，最后消费者的总效用可表示为 $V=v(\bar{p}-p)+v(p^*-p)$。从

---

① 对于参考价格 p^* 是如何决定的，Thaler（1985）提出公平是参考价格最重要的决定因素，并且进一步指出卖方价格是参考价格的重要影响因素。

某种程度上说金融借款也是一种消费活动，买入的商品或服务是信贷资金，而支付的价格就是借款成本（利息），但金融借款活动和消费活动却有明显的差异，比如公平价格，对于金融市场而言，参考价格就是金融市场出清的价格即为利率，因此实际支付的价格 p 即为参考价格 p^*。不仅如此，农户在金融借款活动中的价格或成本支出则不仅仅是经济成本，还有交通成本、关系成本等付出。因此，消费信贷活动中的价格应该是更为广泛的综合成本或综合价格①。据此，我们可构建借款者的总效用：$V = v(\bar{p} - p)$，即借款者单位借款额和支付成本之差。结合前景理论，通过不确定性条件下的风险决策权重可知，前景理论中客观情景发生的概率是对客观概率的主观评价。

其次是决策函数 $\pi(p)$。农户在对消费信贷未来财富进行价值判断过程中，除了有价值函数外，还会利用前景理论来分析每种前景发生的可能性。一般而言，从事件发生的概率看，效用理论反映了农户基于理性的决策行为，而前景理论则揭示了风险和不确定性条件下的个体实际决策机制。效用理论和前景理论分别以客观概率和决策权重为决策参考。有别于传统效用理论，前景理论认为风险决策者会对 i 事件发生的客观概率（p_i）进行主观上的心理评判，$\pi(p_i)$ ②为决策者认为事件 i 发生概率的主观认知或决策权重，它并不是事件发生概率（p_i）的函数，而是表示单个事件的概率 P 的变化对总价值的影响，反映了决策者对风险事件的主观满意程度。决策权重主要依赖于感知的事件的可能性，而它可能受主观偏见的支配。

综上可看出，消费信贷的财富预期可表示为价值函数和决策权重的乘积。前景理论函数的前景价值（V）可表示为：$V = \sum_{i=1} \pi(p_i) v(\Delta w_i)$。从财富预期的核算公式可以看出，财富预期的核算借鉴了前景理论和效用理论。前景理论和效用理论在形式上看都是关于价值和概率的乘积，不同的是：①价值方面。期望理论往往以现有财富水平或绝对数为评判基础，较为客观，而前景理论中参照点的选择则较为主观，参照点选择的差异性引起价值评判的不同。期望效应理论可被认为是无参照点或零参照点理论，

① 由于交易效用中的参考价格无明确的衡量标准，故在下文的分析中，假设实际价格与参考价格相等，即交易效用为0，对总效用的分析等同于用获得效用进行分析。

② $\pi(p_i)$ 具有以下特征：$\pi(0) = 0$，$\pi(1) = 1$，并且当 p_i 较小时，个体会高估事件 i 发生的概率，即 $\pi(p_i) > p_i$；当 p_i 较大时，个体则会低估事件 i 发生的概率，即 $\pi(p_i) < p_i$。

前景理论可被认为是单参照点理论（王晓田和王鹏，2013）。因此，二者在一定条件下具有等同性。在收益部分（凹形区域）所表示的仍然是一种传统经济学的理性选择，而损失部分（凸形区域）才表征为前景理论的非理性选择，所以说参照点是理性向非理性转化的临界（何大安，2005）。同时，前景理念还表现出偏好反转特征，在收益时表现出风险厌恶，而在损失时则表现出风险偏好。②决策权重方面。期望效用理论以客观概率为权重，而前景理论则以主观认知为权重。决策权重可以采用不同的形式，但必须满足某些公理，只要满足代数结合定律（注：前景理论中价值的运算符合代数结合定律），无论权重决策之和是否等于1，决策权重必然等于客观概率，前景理论的模型实际是等同于期望效用函数的（边慎和蔡志杰，2005）①。

3.2.3 财富预期的量化公式

前文阐述了财富预期的产生机制，和传统的心理账户估价不同的是，消费信贷的财富预期过程是农户借款者根据自身经济环境变化对未来财富变化前景（期望）值。农户决策者在借款过程中会对消费信贷的财富价值进行估算，通过价值函数和决策函数来核算，这便是财富预期的产生机制。显然，财富预期通过前景理论来对价值判断进行得失比较，因此，对于不确定性事件的结果即前景和参照点的选取尤为重要。通过对财富预期的产生过程来看，财富预期产生过程主要经过前景设定和价值判断"两步走"。在前景选取中，要以互斥性和完备性为原则；在价值判断中，参照点的选取至关重要，但参照点的选取要以满足借款者心理需求为导向。具体来看：

首先，前景设定。对于如何设定前景，Kahneman 和 Tversky（1979）认为前景的设置要遵循两个准则：一是事件的互斥性②，即事件之间不能同时发生；二是事件的完备性，即各事件发生的概率之和为1。借款者对未来有无能力还款或者违约风险担忧时，收入负债比（收入和借款比）是决策者重要的参考点，它不仅影响到财富预期的规模，还影响到对财富水

---

① 对于决策权重和客观概率的等同性，可参见边慎和蔡志杰（2005）相关研究。

② 前景理论（prospect theory，PT）认为只有非此即彼的两种前景，而累积前景理论（cumulative prospect theory，CPT）则允许有更多前景，但不管是 PT 还是 CPT，前景事件之间都不能同时发生。

平的价值判断，进而影响到决策制定。基于此，本书前景设置围绕收入与借款的力量对比来探讨消费者对金融财富的未来价值判断。显然，借款者在金融活动过程中会表现出非理性特征，借款者在获得信贷支持时，也会意识到背后潜在的违约风险，存在着对未来风险尤其还款（或违约）风险的担忧，这种担忧促动着农户对信贷财富进行核算。一旦收入小于借款额（含利息），则农户有违约风险①（朱信凯和刘刚，2009），若收入大于（含等于）借款额时则不会有违约风险。故将未来不确定性后果设置为有能力还款（履约）和无能力还款（违约）两种情形。

其次，参照点选取。价值函数参照点作为经济个体进行价值判断的基础，不同的参照点意味着不同的得失。人们在进行消费决策时主要把自身感觉的得失作为参照点，显然这是人们对某一价值的主观判断，而不是经济学意义上财富的绝对数。参照点可进一步分为两类：一类是现状参照点；另一类是非现状参照点（Yates 和 Stone，1992），但参照点的选择必须要以满足行为人的心理需求为首要任务。在不同的决策框架下，个体会产生出不同参照点，决策结果相对于这个参照点便会有不同的盈亏变化，这种变化会改变人们对价值的主观感受，也就是价值函数（何贵兵和于永菊，2006）。因此，对于有还款能力（履约）时和无还款能力（违约）时设置不同的参照点。原因在于：其一，对于借款者而言，其金融活动的主要目的是获取信贷支持，获得的信贷（净借款额）越多越符合其行为初衷，因此将有还款能力时的参照点设置为非现状参照点（中性的零参照点）。其二，Thaler、Kahneman 等行为经济学派研究表明，相对于收益，经济个体决策时对损失表现出更强的敏感性。同时，在实际生活中，违约的严重后果（损失更大），使得借款者的违约动能不足。因此，为更加凸显决策者对损失的反应程度以及做出更加符合现实的价值判断（主要体现为对违约的重视程度），在无还款能力（违约）时将参照点设置为现状参照点（净借款额）。

总之，本书把借款者未来不确定性后果即前景设置为有还款能力（履约）和无还款能力（违约）两种情形，或者设置为有违约风险和无违约风

---

① 朱信凯和刘刚（2009）认为违约分为主动违约和被动违约，被动违约是指农户由于天灾人祸、收成不好等导致收入不足以偿还贷款；主动违约是指农户有偿还能力，但是故意或策略性违约，从违约中获取好处。考虑到主动违约的严重后果，居民主动违约一般动力不足，因此，本书所指的违约仅指被动违约。

险两种情形，并通过参照点的选择来考察两种前景下得失的价值函数（收获或付出，收益或损失），来对财富预期进行核算（见图 3.3）。

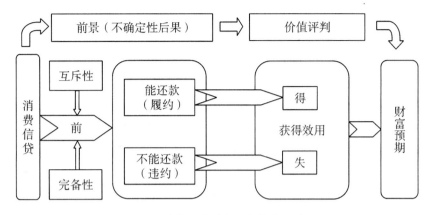

图 3.3 消费信贷财富预期的产生过程

假设农户 A 每期进行消费（c_t）并有不变的可支配收入（$y_t > 0$），当因各种原因而出现流动性不足时，保证现有效用水平不变，农户需要在金融市场寻求外部支出来缓解其流动性紧张。在开放的经济体中，A 基于自家良好的信用可以无风险利率 r 在金融市场获得信贷融资。λ 为服从泊松分布的一次性外生极端违约事件发生的概率。通常而言，金融活动在正式结束前或者说借款人还清借款前一般会出现两种事件，存在两种可能的空间状态集 $Z_t = \{V, O\}$，其中，V 为不能按约还款出现的违约状态，或者是无能力还款事件，O 为按约正常还款的履约状态，或者是有能力还款事件。对于贷款者而言，无力还款的违约事件是一次性外生事件，一旦违约事件发生，农户 A 在金融市场上寻求金融服务时必然会受到市场排挤，其再次成功获得融资难度加大，极端情况可能性为 0。因此，无力还款的违约事件可以被解释为对自己先前良好信用的冲击，这种冲击消除了个人先前的信用差异，对家庭在金融市场上造成负面影响，致使农户很难在金融市场上进行融资。

前文理论分析中，把成本分为包含经济、信息、交通、关系等在内的综合成本，但考虑到借款成本的量化问题，在对财富预期进行量化过程中仅考虑能量化的经济成本即利息付出。通过前文财富预期的产生机制可看出，财富预期本质上是在不同前景下的价值判断总和。在金融市场上进行融资时，农户借款者都期望获得积极的回报，令每 1 单位借款在 t 时间的

均衡价格为 p_t，可被认为是 A 支付的借款成本。基于自身经济及历史信用情况，A 认为自身无力还款而发生违约事件的可能性为 λ_A，当农户借款人有能力按约还款时，那么正常还款（履约）的概率则为 $1-\lambda_A$，每单位借款 A 期望获得 $1-p_t$ 的净回报（净借款额），也就是借款者在正常还款前景下感受到的获得效用，即是说借款者在有能力还款时对金融财富未来前景的价值判断为正（得）；相反，当借款者无能力还款时，则不能还款（违约）的概率为 λ_A，那么每单位借款 A 将支付违约成本 p_t'，即是在不能还款前景下的获得效用[①]，也就是说在不能还款时，和有还款能力时的净回报不同，在此情形下的价值判断为负（失），主要表现为要额外承担的违约成本。总体来说，A 每单位借款净回报 ψ_t 如下：

$$\psi_t = \begin{cases} 1-p_t, & 1-\lambda_A \\ -p_t', & \lambda_A \end{cases} \tag{3.15}$$

在时间 t，每 1 单位借款中，A 净回报可表示为

$$\psi_t = (-p_t') \cdot \lambda_A + (1-p_t) \cdot (1-\lambda_A) \tag{3.16}$$

当借贷额为 b_t 时，A 在 t 时间财富预期值 PW_t 为

$$PW_t = [(-p_t') \cdot \lambda_A + (1-p_t) \cdot (1-\lambda_A)] \cdot b_t \tag{3.17}$$

从财富预期的量化公式可以看出，消费信贷财富预期规模的大小主要取决于还款可能性、借款成本和违约成本。当履约概率较高时，农户决策者心理账户为正值的可能性越大。相反，当违约概率较高时，财富预期出现负值的可能性越高。总之，通过前文心理账户构建过程可知，A 在 t 时间财富预期值 PW_t 为

$$PW_t = [(-p_t') \cdot \lambda_A + (1-p_t) \cdot (1-\lambda_A)] \cdot b_t \tag{3.18}$$

其中，λ_A 为违约可能性，$1-\lambda_A$ 为还款可能性。p_t 可被认为是 A 支付的借款成本，p_t' 为不能还款时借款 A 将支付的违约成本。显然，对于不能还款情景下的损失预期越大，则越意味着未来出现不能还款事件的可能性就越高，存在的违约风险就越大（Stone 和 Winter，1987）。

---

① 当然，为科学起见，笔者也比较了以分别实际获得（净借款额）和零为参照点时的心理财富效应，发现参照点的不同只影响到心理财富规模及心理财富效应的大小，而心理财富效应的方向及显著性在不同参照点之间并无明显差异，而这也从侧面反映出参照点效应。

3.3 财富预期与消费决策：分析框架和作用机制

消费信贷主要通过时间效应来影响农户消费决策，消费信贷既可以通过会计账户来影响农户消费决策，也可以通过心理账户来影响农户消费决策。这是因为，与会计账户通过物质财富影响农户消费不同的是，心理账户作为监测、控制消费者行为的一种特定机制，会在心理上对消费进行预算调节，并设置要达到的消费目标（Thaler，1985；Heath 和 Soll，1996；Cheema 和 Soman，2006），这是实现自我控制所必需标准设定的重要组成部分（Baumeister，2002）。消费信贷通过心理账户影响农户决策可总结为：农户借款者通过心理账户产生财富预期来影响居民消费，主要通过参照点效应和沉没成本效应来影响支出规模，通过认知匹配效应和情绪标签效应来影响支出内容（见图3.4）。具体而言，参照点和沉没成本主要通过影响财富预期规模大小来影响消费支出多少，而财富认知和情绪则通过对财富预期性质评价及其衍生出的情绪进而影响消费结构。本书重点关注的是财富预期影响农户消费的内在机理，而对于会计账户通道影响农户消费的机制已经被众多学者从不同维度进行了验证，本书不再赘述。

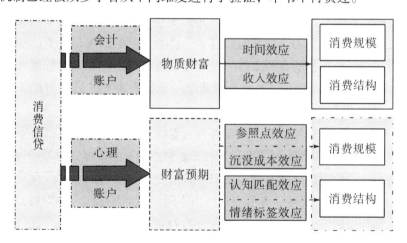

图3.4 消费信贷与农户消费：作用机制与路径

3.3.1　参照点效应

从传统来看，研究农户消费（主要指生活性消费）的基石主要是期望效用理论，而期望效应理论的前提一是信息是完全的，二是人是理性的，即农户在进行消费决策时，往往侧重于在现有收入水平或财富水平背景下来探讨行为选择，基于各种信息加工进行理性决策，充分发挥和释放消费资源的功能效能，消费决策过程充分演绎着行为追求经济效用最大化的思想。但现实生活中，由于信息的传递性并非畅通无阻，个体并不能完全掌握全部信息，即使信息是完全的，人们对信息的认知以及处理信息的能力都会出现某种偏差，以致人们行为表现出非理性（边慎和蔡志杰，2005）。所以一般来说，农户在市场中依据经济环境变化做出任何经济行为决策，往往都基于某种判断和评价，或者遵循一定的会计规则或道德规范，这些判断或规则隐藏于行为决策过程中，或显著存在或内隐，这就是所谓的参照点。参照点选择的差异，不仅可以直接影响财富预期的大小，同时也可以影响到对财富预期损益的价值评判，而这都会影响到农户消费行为决策。

参照依赖就是基于某个参照点对得失进行价值判断，和理性决策不同的是，参照点的选取并非基于经济学思维中的绝对规模，而是以满足农户借款者心理需求为出发点的某个基点为主要参照，再把决策结果和参照点进行比较，做出相应的价值判断。当然，价值判断的结果是决策的实际后果与心理期望或选择的参照点的一种比较，或者是偏离方向和程度（Kahneman 和 Tversky，1979）。参照点的选取一般符合农户的思维习惯，特定的社会习俗或者某一期望水平。

当然，对于参照的选取，一般而言，现状和非现状参照点都是参照点表现形式（Yates 和 Stone，1992）。对于参照点的选择，可以通过四种方式进行确定：正负理想点参照点、期望值参照点、零点参照点和组合参照点（熊焰 等，2017）。显然，参照点选择的不同会影响到经济个体对收益和损失的认知和评判，进而引致出不同的行为偏好。从现实情况看，农户决策者一般都是风险规避的，当出现收益和损失时，决策者表现出风险规避使钱落袋为安和亏损最小化。但与之不同的是，参照点会带来收益和损失的变化，随着收益向损失转移，农户决策的行为特征表现出明显的偏好反转：在出现收益时，行为个体对风险是规避的，这是因为在出现损失时，行为个体往往是风险偏好的，表现出非理性特征（何大安，2004）。对于消费性信贷而言，其经济活动（消费）并不能给农户带来经济增值实现经济收入的增加，仅仅是通过微小的经济付出换得信贷资金的跨期使用权，通过利息贴现机制实现效用最大化。也就是说，和生产性信贷与人情消费相比，消费性信贷并无明确、固定的参照点。不可忽略的是，参照点的位移可以明显改变借款者对金融活动效果的评判，或者更深层次对未来风险的预知，从而赋予财富预期损益属性。总之，根据参照点变化，农户借款者感觉到消费信贷活动中的收获和损失，从而驱动着消费者根据财富变化对消费内容做相应调整，做出增加或减少消费支出的行为决策。当然，参考点的选取并没有一个统一的标准，参照点不仅受到外生变量的影响，而且往往也与决策者决策过程中的价值函数、权重函数及风险限制有关，这些变量对参考点选取都有一定的影响（陈翠霞，2018）。

首先，消费信贷的感知参考价格是一个重要参照点。从值函数可看出，参照点类似于交易效用，它取决于支付金额与商品的"参考价格"之间的差异。和商品交易一样，金融活动过程中也同样存在价值函数。金融活动的效用可分解为获得效用和交易效用两部分，显然，交易效用的获得取决于二者之间的比较。如果实际价格小于参考价格，借款者会认为借款付出的代价较小，交易效用为正；相反，如果实际价格高于参考价格，借款者则认为消费信贷付出的代价较高，交易效用为负。由此可得出，当参考价格小于实际价格时，借款者感受到的财富预期就较小，而当参考价格大于实际价格时，借款者感受到的财富预期就较大。如前文指出，财富预期是潜在的财富，其规模自然会影响到消费行为决策。对于农村居民而言，我国亲友间经常发生相互周济性质的信贷活动，在自己资金充裕时会向出现困难人群免费提供资金，助其渡过难关（叶敬忠 等，2004）。因此，虽然居民无须付出经济利息成本，但仍会付出信用、关系、交通等其他成本。在这些成本付出中，经济、交通等成本可以用金钱衡量，而信用、时间、关系等成本则并没有有效的衡量工具，但居民在借款过程中都会对这些成本付出期望或构造出一个相对平衡的价格空间，这也成为借款者感知到财富预期大小的一个重要因素。财富预期的多少意味着，居民用于消费支出的预算资源的多寡。总之，当形成乐观财富预期时，农户会进行积极消费决策；相反，形成悲观财富预期时，农户则进行消极消费决策。这是因为当财富预期为正时，居民在消费时会享受到快乐，会进一步增加消费支出；反之，当财富预期为负时，居民只能体验到痛苦，因而往往选择损失或债务规避（Kahneman 和 Tversky，1979；Prelec 和 Loewenstein，1998；李爱梅 等，2007，2012），减少消费支出。

其次，收入和借款的力量对比也是一个重要参照点。收入负债比本质上可视为现状（净贷款额）参照点，收入负债比越高，则借款者感受到的直接获得就越多，反之，则越少。对于参照点的选择，往往不只有一个而是有多个参照点（谢晓非 等，2009）。不仅参考价格能影响到财富预期大小，从财富预期的核算方式看，收入和借款的关系对比也可以影响到财富预期的大小，当然通过收入和借款比则可明确判别出金融活动的收获与损失，也可作为未来风险指向的一个重要指标。显然，借款者的初衷是希望通过外来融资缓冲对货币资金的需求，从而刺激消费支出，但如果预期未来有违约风险，那么借款者感知的财富预期水平则会有明显下降，这势必会抑制居民的消费热情，导致消费规模的减少。收入和借款额的力量对比意味着，借款过程中付出的经济、时间等综合成本是否得到积极的回报，或者说未来违约风险的存在与否。收入大于借款额意味着借款者有充足的还款能力，而不考虑到未来违约风险，此时的财富预期几乎等同于实际财富，心理账户中用于消费的财富资源充足。相反，收入小于借款额时，意味着借款者的清偿能力不足，未来很可能面临违约风险，此时的财富预期较实际财富出现明显的缩水，导致居民心理账户中用于消费的预算资源减少。这是因为：首先，资源配置。对于正常履约来说，相较于真实财富（净借款额），财富预期并无明显的差异，此时借款者认为金融活动得到积极的回报，用于消费支出的预算资源并未减少；而对于违约情景来看，财富预期和真实财富之间有明显的折扣，导致用于消费开支的预算资源减少，结果是消费支出规模的压缩。其次，风险规避。收入小于借款额，意味着有潜在的违约风险，此时借款者选择减少开支是风险管理的重要规避措施。这是因为，对于违约事件，正规金融部门因对违约人有一套成熟的惩罚机制，会提高其再次融资的门槛；非正规金融部门内部也存在一定的非正规履约机制，而且比正规契约有更强的约束力和更高的还款效率（钱水土和陆会，2008）。中国作为一个传统的关系型社会（Yang，1994；Bian，1997），行为个体所处的社会网络能够实施一定的社会制裁，使违约者遭受声誉损失，甚至被排除在网络之外（Karlan 和 Morduch，2010）。

3.3.2 沉没成本效应

现实生活中，消费者获取商品或服务的过程对其行为个体决策的影响，也就是沉没成本对行为决策的影响。一味强调边际收益和边际成本以及个体感知效用水平的高低直接决定了农户消费的重复性和持续性，这也是传统经济学研究的中心场域。这是因为古典经济学对居民消费行为的研究建立在个体完全理性或者理性预期基础上，而没有考虑到沉没成本的影响。事实上，居民在决策时往往会考虑过往的成本付出，前期的投入或者为获得某种财富的支出构成沉没成本，从而促使决策者做出非理性行为（汤吉军，2009）。和理想环境不同的是，在实践中农户的决策环境并不具有古典经济学所设想的条件，在此情景下，农户决策者只能根据交易成本进行有限理性而不是完全理性的决策，很容易造成沉没成本效应或承诺升级（汤吉军，2009）。经济个体的行为也往往表现出与传统理论不一致的生活轨迹，经典理论和现实场景出现偏差，传统经济学无法解释居民行为的偏差。

庆幸的是，随着学者关注的重点从购前阶段（产品评价与决策制定）和消费后阶段（质量感知、满意与品牌忠诚）向消费阶段转移，特别是行为经济学研究的兴起，更多针对居民非理性消费行为的研究为解释居民非理性行为提供了思路。与传统经济学派不同的是，行为经济学更加注重消费个体心理活动对其行为决策的影响，消费者沉没成本的存在引致了居民的众多非理性现象，居民为不白付出成本而继续追加投资从而产生更多成本（Arkes 和 Blumer，1985；Strough et al.，2008）或做出某一行为（Fernandez，2010）。所谓沉没成本，广义上看，是指居民在消费过程中为获取商品或服务的效用而付出的经济成本、时间成本和情感成本，即通常意义上的金钱、时间和努力（Arkes 和 Blumer，1985），狭义上的沉没成本仅指经济意义上的金钱付出。与金钱相对应的是金钱沉没成本效应，而与时间付出和努力付出相对应的沉没成本效应分别被称为沉没时间效应（Navarro 和 Fantino，2009；Park 和 Jang，2014）和沉没努力效应（Cunha 和 Caldieraro，2009，2010；相鹏，2014），或者二者统称为行为沉没成本效应（Cunha 和 Caldieraro，2009）。虽然经济利息付出是沉没成本的主要类型，也是借款者最关注的一个因素，但时间、情绪、交通、人情关系等隐性成本也嵌入消费者实际决策情景中。因此，沉没成本可理解为包含经济、时间、交通等所有成本的一个综合函数。

按照行为经济学观点，居民在做出决策时会基于已往的付出，通过总成本来对决策后果进行综合考量，从而产生沉没成本效应（Thaler，1980）。沉没成本越多则越意味着前期付出越多，因此其抑制着消费决策的力度就越强；相反，如果沉没成本很小，则沉没成本对消费的阻力会得到弱化甚至消失（Soman 和 Cheema，2001）。对于同等规模的沉没成本，相对沉没成本比绝对沉没成本更易引发沉没成本效应（Garland 和 Newport，1991）。也可以说，获得（收益）和成本付出的比较是居民在消费决策时着重关心的问题（Kahneman 和 Tversky，1984），甚至把获得与损失或损益值作为做出消费决策的重要依据或直接参照点（谢晓非 等，2014），并对损益表现出机械和刻板的反应方式，获得收益时积极冒进，出现损失时则消极保守（Staw et al.，1981），即当心理账户的结果为积极时或者核算结果为正数时，居民往往会感受到快乐进而激发下一步的消费；反之，当心理账户的结果为消极或者核算为负数时，居民在核算过程中表现出悲观，继而选择债务或损失规避（Kahneman 和 Tversky，1979；Prelec 和 Loewenstein，1998；李爱梅 等，2007，2012），进而抑制着消费支出的增加。总之，心理账户中核算财富规模大小与行为人做出消费决策积极相关，核算结果越多则越有利于提升消费欲望（Shefrin 和 Thaler，1988）。经典消费理论阐述了收入在居民消费决策中的重要作用，从会计账户角度看，沉没成本是付出，沉没成本越大，意味着消费者在购买商品或服务时付出的经济资金越多，较多的成本付出占用了有限的资金预算，不仅不利于消费规模的进一步扩大，同时还对其他消费产生挤出效应。从这个角度看，沉没成本影响农户消费行为决策主要通过经济因素来影响消费。然而，单一的经济成本并不足以阐述经济个体的非理性行为，除了经济因素之外，沉没成本还通过认知来影响居民消费行为选择（相鹏 等，2017）。具体如下：

首先，从认知机制上看：信息的搜寻、加工和处理形成沉没成本，沉没成本作为损失或沉淀影响到行为决策。在传统的经典决策环境中，或者是在信息完全对称条件下，经济个体依据边际原则进行决策，并且可以免费获取交易信息成本。然而在信息不完全及非理性的真实环境中，除了商品服务的生产成本外，消费者获取信息需要支付搜寻成本，这些和支付成本共同构成了消费者的沉没成本。道德风险、信息不对称、财务稀缺等因素的存在更容易产生沉没成本效应（汤吉军，2009）。非理性或有限理性的决策环境驱使着农户做出各种偏离经典理论的规范的决策。在前景理论和心理账户理论中，沉没成本构成消费决策中的支出，农户决策者会将损益值与参照点进行比较，进而确定所谓的损失或收益，这是因为行为个体在面临损失和收益时往往表现出不同的偏好倾向。面对收益时是风险规避，而面对损失时则表现出风险偏好。在确定好损益后，农户决策者会依据享乐主义边际原则来影响进一步的优化选择。

其次，从动机机制上看：沉没成本作为已有的经济或时间等成本付出积累，是对自身禀赋资源的一种配置安排，为充分释放发挥资源的效用，自我申辩和避免浪费成为消费者心理上形成沉没成本的主要动机。信息的不对称及其他主观或客观原因导致的决策失误是形成沉没成本的主要原因，但出于决策者维护自身声誉的需要，决策者自身会尽量淡化或采取措施来弥补以证明自身行为的合理性，从而表现为沉没成本效应。当然物尽其能，避免资源浪费是居民遵行的重要原则之一，在实践中人们往往过多频率和不合适宜地使用这一规则，进而极有可能诱发沉没成本效应的非理性现象的出现（Strough et al.，2011），浪费并不局限于物质浪费，还可以以某种表现形式而存在（Arkes 和 Blumer，1985），甚至是一种感受（Zultan et al.，2010）。沉没成本虽然可以提高物品的利用频率，但会占用较多的预算资源，导致消费后劲不足。

3.3.3 认知匹配效应

古典经济理论肯定了收入在居民消费行为决策中发挥的作用，收入是增加居民消费规模、提升消费质量、改变消费结构的重要物质基础。经典消费理论也阐述了收入在增加消费支出方面的具体路径机制，并进一步拓展到消费结构。传统经济学假定农户行为具有明显的理性行为特征：农户内在的一致性和追求自身利益最大化。然而，农户消费行为并没有严格遵循经典理论所规划的路径选择，表现出的非理性行为偏离了传统经济学所划定的范围。传统经济学是以完全信息和完全理性为前提，而将认知过程完全排除在理性决策之外（何大安，2004）。

消费信贷的财富预期是以物质（货币）财富为基础，对消费信贷的价值选择必然会延伸到财富预期属性的界定。换言之，每个心理账户系统有预算资源导向明确的消费内容，消费者在进行消费行为决策时，会根据不同的财富来源匹配相应的消费倾向和消费方式，这就是财富的认知匹配效应（李爱梅 等，2014）。

经济环境的频变往往会造成收入的不确定性和不稳定性，因此，农户在消费过程中难免不会出现暂时流动性不足。为平抑消费波动和满足消费需求，农户决策者需要借助金融市场来补足流动性，在此过程中也会基于资源禀赋而对消费信贷做出相应的价值判断和价值选择。财富预期是借款者对未来有无还款能力或者有无违约风险的一种综合评判，隐含着对未来经济状况（清偿能力）的综合评估。因此，借款者会对财富预期形成不同的属性认知，从而影响到其消费行为选择的差异性。借款者对消费信贷可能形成不同的认知。一是消极的债务认知：在流动性不足时背负额外债务负担，恶化了本已紧张的财务指标，显然，借款者认为消费信贷消极的，即起到"雪上加霜"的作用。二是积极的财富认知：在流动性不足时提前透支未来资金，缓解了当前财务紧张状况，此时，借款者认为消费信贷是积极的，即扮演了"雪中送炭"的角色。因此，借款者对消费信贷认知分化意味着，对决策函数的界定选择不应该以"偏好内在一致性"公理为轴心，对效用函数的刻画要重视认知过程和体现价值预期的风险偏好（何大安，2014）。

3.3.3.1 债务认知

受传统消费习惯的影响，包括农户在内的一般居民都会对消费持谨慎的态度，在负债行为上更倾向于"量入为出"的保守决策，家庭负债是不得已的行为（祝伟和夏瑜擎，2018），"无债一身轻"是对居民借贷态度的最好诠释。我国有着"先储蓄后消费"和"量入为出、崇俭黜奢"的经验法则和传统习俗，消费支出往往受限于自身的财富积累和当期可支配收入（傅联英和骆品亮，2018），因此，居民消费行为表现出对自有资金的传统依赖特征，而不愿意负债进行消费。不仅仅是因为负债恶化了本已紧张的财务状况，更为重要的是，普通民众要么以物抵押向放贷专营机构借款，要么以信用抵押向亲友借款，而一旦遇到收成锐减则必然会导致偿债能力降低，加大了债务违约风险，这势必会给其造成不利的经济、信用、精神等影响。特别是如果偿债能力与债务规模出现严重失衡，较高的负债可能使得低流动性资产家庭受到更严重的流动性约束（李江一，2017），致使现金流无法应对债务的负面冲击，家庭债务则可能将家庭拖入财务危机（黄纯纯，2015）。因此，在某种程度上讲，消费信贷意味着债务罚息、信誉损失、心理焦虑等潜在风险，借款者更多感受到的是隐藏于消费信贷背后的风险和责任，在这些因素交织促动下，借款者一般对消费信贷形成排斥心态。消极消费观对信贷的认知根植于不稳定的清偿能力中，如果以后颗粒无收或者财务状况无法改善，负债势必恶化家庭资产负债表，甚者会陷入债务消费陷阱（傅联英和骆品亮，2018）。而当出现不得已的负债行为时，会把消费信贷用于实用型消费上而非享受型消费。这是因为，使用消费信贷进行享受消费，违背了崇俭黜奢的传统消费观，自己的行为和相关规范及准则相冲突时（Richins，1997），会产生内疚感。一旦自己的消费行为与社会准则联系在一起，居民的消费行为必要受到道德标签的约束，如果违背了就容易产生道德内疚感，因此人们会尽量避免享乐消费，而更多地将之于实用消费（李爱梅 等，2014）。

3.3.3.2 财富认知

随着消费金融的快速发展，居民获得金融服务的门槛逐渐降低，家庭经济收入的增长也显著地促进了家庭参与借贷（Ling 和 McGill，1998）。因此，客观环境的变化催生了居民积极消费观，人们消费习惯由谨慎性消费变为超前消费，在负债行为上更加积极主动。理性预期学派认为，消费者的行为特征呈现出前瞻性的（Friedman，1957），积极优化资源配置以实现消费效用最大化。但现实生活中往往存在着财富周期与消费周期的错配，即在整个生命周期范围内，财富配置与消费需求出现不均衡性：在生命周期初始阶段，财富积累少而消费需求大，但随着时间的推移，财富积累会越来越多，而消费则变得越来越少。因此，对追求消费效用最大化的居民而言，当收入出现暂时不足时，他们会积极调整财富配置来满足当前开支需求，就是通过金融市场透支未来财富，放松当期流动性约束，帮助实现多样化的消费需求。虽然提前消费会导致未来消费出现一定波动，但可以帮助借款者实现消费愿望，因此付出这种代价是值得的，消费信贷成为家庭的理性选择（熊海斌，2000）。可以说，居民负债行为源于平滑消费的需要（Dynan，2012；Guerrieri 和 Lorenzoni，2017），而发达的金融市场则为居民融资提供了更多选项，因此，居民对消费信贷往往做出了比较积极的价值判断。通过消费信贷活动可以优化家庭资产配置结构，进而实现消费者跨期消费效用最大化（Modigliani 和 Brumberg，1954）。从消费内容带来的效用来看，保障型消费满足每天基本生存需求；从边际效用来看，其效用是递减的。而改善型消费是在满足基本生存支出以外的更高、多元的需要。从给消费带来满足感看，改善型支出是高于保障型支出的。

因此，当消费者把消费信贷标签为财富认知时，是建立在对自己未来清偿能力稳定预期的基础上，通过透支未来收入实现跨期选择，其会优先将资源配置到能给自己带来更多消费效用的改善型支出上，从而减少保障型支出的配置比例。

上述表明，不同认知意味着不同的风险，农户的消费决策行为都是在评估未来还款风险后做出的适应其消费环境的最优选择。当然，除了风险之外，形成二者差异的可能是二者具有不同的认知加工机制其至神经基础。同样数量的意外获得与辛苦所得所建立的心理账户效价和心理意义是不等值的，二者之间不可替换（潘孝富 等，2014）。借款者在心理上对于不同来源的财富赋予了不同的权重，而这种有差异式的划分会引发居民不同的消费决策（潘孝富 等，2014）。心理账户核算的过程可被视作为对不同权重进行加工的过程（Heath 和 Soll，1996），在认知加工过程中会消耗不同的心理智力资源，个体会依据核算结果而调整其支出，从而表现出差异性，进而引发消费者的非理性决策。在获得的财富认知上，居民还会依据过往的经验从而对决策也会产生影响（潘孝富 等，2014）。认知发挥作用的关键点在于，人们会事先将事件的认知储存于记忆中，一旦情景触发相关事件，某种认知便会机械地发挥效应，而无须再经过意识和努力（Devine，1989；Gawronski 和 Strack，2004）。换言之，当认知成为一种自动化信息时，会在个体决策时自己发挥，从而影响居民对财富的使用倾向和反应轨迹（张林和张向葵，2003）。

3.3.4 情绪标签效应

财富来源不同致使农户决策者会对不同性质的财富进行分类管理，进而引发对消费者决策的认知匹配效应，即对财富预期的使用匹配相应的使用倾向以及指向明确的消费内容。从财富预期的属性特征上看，借款者会形成积极的财富认知和消极的债务认知，从而决定着借款者在不同消费内容上的行为偏好差异，这都是财富的认知匹配效应。在财富来源过程中会产生情绪，认知匹配效应的实现是以情绪为中介（庄锦英，2004）。认知的异质性可以触发不同的情绪：积极认知带来积极情绪，消极认知带来消极情绪，情绪会进一步影响到决策结果。这种从认知视角来研究居民消费行为是行为经济学家研究的重点，然而伴随着财富的获得过程，经济个体情绪变化也会影响到消费者行为选择（Levav 和 McGraw，2009；Chang 和

Pham，2013)，这就是财富的情绪标签效应。

事实上，农户借款过程中的情绪波动会影响到其消费决策，这是因为居民在获得财富过程中，会衍生出情绪变化进而影响到其消费过程（Levav和 McGraw，2009)。所以情绪是研究居民决策必须要解决和重视的问题之一（Hastie，2001)。农户在借款过程中既可以产生积极情绪，也可以产生消极情绪。除此之外，相同信息可以衍生出不同的表征形式或框架，相同信息的不同表征可以影响经济个体的决策行为。这种受信息表征的影响而产生的决策偏见称为"边框效应"（framing effects)（Kahneman 和 Tversky，1984)。总体上看，消费信贷活动是农户决策者在金融市场上通过寻求外部融资来缓解其预算约束，达到平滑消费的目的。消费信贷过程中会产生财富预期，既可以是积极的预期，也可能是消极的预期。也就是说，消费信贷不仅会产生财富预期，财富预期还会带来积极和消极两种情绪。积极情绪会带来积极消费，而消极情绪则不利于消费增加（Okada，2005；李爱梅和李伏岭，2013；Garg 和 Lerner，2013)。积极情绪波动和消极情绪波动对行为个体决策产生影响已经得到验证，积极情绪和消极情绪主要通过以下机制来影响居民消费决策。

3.3.4.1 积极情绪

当对财富预期做出积极财富认知的价值判断时，农户借款者对未来充满了对平抑消费波动、满足消费需求、提高生活质量等期盼，在积极情绪催化下消费者会进行多样化的探索性行为（Barone et al.，2000)，从而促进着消费支出的增加。在积极情绪下，借款者主要通过跨期配置和损失规避偏好对消费信贷做出直接和积极的响应。

一是跨期配置。消费者是具有前瞻性的（Friedman，1957)，当出现流动性暂时不足时，他们会积极寻求外部融资支持，通过透支未来财富而实现当期消费效用的提升。消费者从金融市场获得直接资金支持，可以快速提高其购买力，进而将潜在消费转化为有效消费（Zeldes，1989)。同时，通过消费信贷活动可以优化家庭资产配置结构，进而实现消费者跨期消费效用最大化（Modigliani 和 Brumberg，1954)。不仅如此，由于大多数人们的时间偏好都为正，正的时间偏好会使消费者缺乏耐心急于消费（Varey和 Kahneman，1990)，因此，一旦获得外部流动性支持，消费能力的提升更容易激发借款者的消费欲望（凌炼和龙海明，2016)。消费者因获得融资支持而产生乐观情绪，乐观情绪会使消费者脱离自律制度、破坏自我控制努力，从而对自我控制产生负面影响，这势必会进一步刺激消费者的内心需求，提高其消费决策的效率，增加享受型消费。二是损失规避。人们在行为决策中会对损失和收益进行综合权衡，努力先做到避害优先（Markowitz，1952）。我国是一个典型的关系型社会（Yang，1994；Bian，1997），居民金融行为是嵌入差序性社会关系网络中的（费孝通，2006），特别是以亲属为核心的社会网络中（程士强，2011）。在所有消费借贷中亲友间的非正规消费信贷占据主要部分（贺莎莎，2008），亲友间经常发生相互周济性质的信贷活动，在自己资金充裕时会向出现困难人群免费提供资金，助其渡过难关（叶敬忠 等，2004）。虽然大部分亲友借款不需要经济成本付出（Collins et al.，2010；Lee 和 Persson，2016；卢娟和李斌，2018），但在获得融资过程中，借款者已经支付了相应的信息成本（张兵等，2014）、时间和交通成本（李富有和匡桦，2010）、关系成本（彭向升和祝健，2014）。相较于信贷收益，个体对损失表现出明显的敏感性（Thaler，1985），如果让信贷资金无效率闲置，必然会带来时间、关系等方面的损失。因此，出于损失规避的需要，农户借款者会积极寻求改善型支出，以便充分发挥信贷资金的功能效应。

3.3.4.2　消极情绪

当对消费信贷做出债务认知的消极价值判断时，借款者会潜意识里有债务罚息、信誉损失、心理焦虑等悲观预期，这种负面情绪折射出对未来支付能力的担忧，也冷却了借款者的消费欲望。在消极情绪下，借款者主要通过债务规避和债务悬置两种途径做出消极的反应。

一是债务规避。在传统儒家文化"量入为出"准则下，中国居民家庭对负债行为表现出明显的保守倾向（祝伟和夏瑜擎，2018）。因此，为尽可能压缩债务规模、缓释家庭财务压力，家庭决策者会在维持基本生活前提下寻求即期消费和远期消费、保障型消费和改善型消费之间的一个平衡，对现有支出项目进行重新调整优化，从而缩减不必要开支（Fisher，1933；陈屹立，2017），将主要预算资源配置到保障型支出上。此外，依附于债务上的罚息、信誉损失、意外风险的厌恶也会促使借款者压缩开支，减少不必要消费（傅联英和骆品亮，2018），从而使债务规模最小化。二是债务悬置。债务存在会产生悬置效应（Myers，1977），即信贷活动会占用已有的物质、信用资源，提高了后期二次融资的困难和不确定性。为避免债务悬置对未来再次融资带来的消极影响，借款者会做出将未来的经济收入优先用于偿还当前债务的预算安排，致使未来用于消费的预算资源减少，结果是不仅降低了未来抵御风险的能力，还使得消费变得不可持续而很可能出现异常波动。因此，为防范未来风险和平抑未来消费波动，经济个体会压缩当期不必要消费开支进而提高预防性储蓄。

上述表明，对于财富预期而言，积极情绪会带动改善型支出增加，而消极情绪则会增加保障型支出。之所以会产生不同的影响效应，更深层次的原因在于：

首先，积极情绪以认知加工为中介来影响消费决策。行为人产生积极情绪时会因高效的决策效率而耗用系统信息处理资源从而对系统认知产生影响，影响到正常的系统信息处理过程，最终依托表面思维做出消费决策。进一步说，行为人的思想情绪虽然并不总是影响着消费决策，而一旦影响机制开启，积极情绪必然会对系统认知过程造成消极影响，积极情绪会让人产生一种乐观心情，对于周围的环境认知只需要进行简单的加工，而并不消耗过多的信息加工资源。这是因为积极情绪对信息的加工是自发性、从上到下的，并没有受到数据导向而产生的认知加工。另外，积极情绪通过提高认知灵活性，从而提高决策效率（庄锦英，2004；李爱梅 等，2009）。这主要是因为：第一，积极情绪在认知加工过程中扮演了助手角色，为认知加工处理提供了其他有用的信息资源，特别是有连结认知成分资源的增加；第二，积极情绪拓宽了信息搜集范围，使行为人能够从更广泛更深层的视角来深化对某一现象的认知；第三，积极情绪提高了认知的灵敏度，丰富了认知连结，即当行为人处于积极情绪情景时，行为人会因思维的开放度和灵敏度而快速找出问题的应对之策（郭小艳和王振宏，2007）。

其次，消极情绪主要通过内疚感来影响决策。通常来说，消费者行为决策遵循一定的准则和道德评判标准，一旦自己行为逾越了某种规范或准则时（Richins，1997），或者出于各种原因导致行为结果事实与预期结果之间出现一定偏差（Soscia，2007），均可能导致内疚感产生。此时，居民如果在消费过程中产生了内疚感，则会调整其消费行为，进而减少能够引起心理不悦的享乐型消费行为（Okada，2005），把有限的金融资源配置于必需的实用型消费上。这是因为和生活必需等实用型消费相比，享乐型消费更容易引起消费者的内疚感（姚卿 等，2013）。即使是遇到免费使用消费信贷时，行为个体一旦拥有内疚感必然会进行享乐规避。居民金融活动的目的是为消费支出寻求流动性支持，家庭财务指标较为紧张，那么在预算不那么宽松时，把资金用于享乐也是一种浪费（Lascu，1991），行为人自然会心生内疚（Kivetz 和 Simonson，2002；姚卿 等，2013）。显然，当把消费信贷产生的财富预期贴上消极情绪标签以后，人们就会回避享乐消费，或者更愿意使用一些"合理化"或者通过"有良心和道德感"的途径来使用，继而增加实用型支出。

3.4 本章小结

本书主要探讨消费信贷过程中借款者的心理反应过程，通过心理账户产生财富预期影响到消费行为决策，因此，本章构建了财富预期影响居民消费的理论分析框架。首先，居民进行金融活动的目的呈现多样化，既有追求远期效用最大化目标的理性成分，也有短期心理导致的非理性行为；经济上受到预算约束、社会上维系社会网络、心理上财富非替代性都驱动着居民金融活动。其次，财富预期是借款者在心理账户中对财富进行估算的结果，通过金融活动中的获得效用和交易效用综合而得，以前景理论为基础，将未来前景分为履约和违约两种前景，通过构建心理账户对金融财富进行价值判断计算出财富预期。最后，财富预期通过参照点效应、沉没成本效应和认知匹配效应、情绪标签效应来影响居民消费。财富预期作为储存在心理账户中的预算资源，其财富预期的多少意味着用于消费资源的多寡，进而直接决定着消费支出规模的大小，主要通过参照点和沉没成本来影响财富预期的规模；而财富预期的不同认知框架及其衍生出的情绪会影响到消费内容的选择。

4 财富预期与农户消费：总体效应分析

前文就消费信贷财富预期的产生过程进行了大量笔墨，分析了财富预期对农户消费决策的影响机制，从而为下文财富预期对农户消费影响效应的实证检验奠定了理论基础。基于此，本书提出消费信贷产生财富预期及财富预期影响农户消费研究假设，并基于微观调查数据运用 Probit 计量分析工具，从消费信贷对农户消费的总效应来验证研究假设，为相关政策的选择提供经验分析支持。

4.1 财富预期影响农户消费的规模与结构分析

4.1.1 财富预期影响农户消费的规模分析

4.1.1.1 问题提出

消费信贷为农户消费提供重要的预算支持。根据 2010 年家庭追踪调查数据（CFPS），农村居民借款途径主要有银行等正规金融和亲友等非正规金融途径两种。从农户贷款用途（图 4.1）可看出，农村居民借款用于消费支出的比例为 69.85%，用于农业生产的比例为 11.07%，用于经商投资的比例为 11.13%，用于大事支出的比例为 7.95%。可见，农户贷款的主要目的是生活性消费，这也从侧面反映了农村居民面临的流动性约束问题。

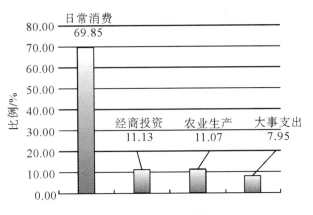

图 4.1　农户贷款用途

　　消费信贷可以通过向居民提供信贷资金直接提高农户的消费能力来满足其消费需求，故如何发挥消费信贷拉动农户消费的功能，是社会关注的焦点。消费信贷作为重要的金融产品，可以为农户消费启动提供必要的资金预算支持，但社会现在的关注点停留在消费信贷的直接和中介效应（尹学群，2011；陈东和刘金东，2013），而忽略了农户在获得预算支持后的心理预期及其对消费决策的影响。对于农户而言，其主要面临生活性消费、生产性消费和交际（人情）消费。生产性消费可以为农户带来收益，回报相对稳定，而人情消费则会在未来以某种形式返回，生产性消费、人情消费都无须担忧消费信贷的还款问题。和生产性消费和人情消费不同的是，生活性消费就是单纯的消费支出，把消费信贷配置于市场的消费活动并不会给农户带来资本收益或回报，考虑到农户收入的不稳定性特别是在农村社会中的社会信用，因此在现实生活中，绝大多数农户借款人在金融活动过程中也会担心未来风险，并会根据预期结果而调整其消费支出。这是因为收入不稳定及违约信用损失的严重后果促使着借款者避免违约，因此农户借款者在获得融资支持前后都会有未来有无还款能力或者说是否违约的预期，对这种未来不确定性后果［Kahneman 和 Tversky（1979）把这种不确定性后果称之为前景］的担忧使得借款者会对未来前景产生综合权衡，从而产生不同的财富预期，影响农户消费意愿进而影响消费决策。事实上，农户会从心理上对未来财富变化产生预期及产生财富预期，但消费信贷财富预期对消费的影响并没有引起学界重视。因此，有必要从实证方面论证，在消费信贷过程中居民财富预期现象的存在及其对居民消费行为的影响。

由于统计资料的不足，本书参照黄祖辉等（2007）的意愿+意向式调查方式，就农户是否会存在未来违约担忧而产生财富预期，并就财富预期结果是否影响到消费决策而进行初步分析。调查显示[①]，在所有202个样本中[②]，有171（84.65%）个被试对象会在获得借款后对未来财富产生预期，也就是会担忧未来有无还款能力或者会不会出现违约事件，而仅有31个（15.35%）被试对象则在获得借款后并不会担忧未来有无还款能力或不会担心违约事件，也就是不会出现财富预期。在108个学生样本中，在获得借款后，有94个（87.04%）被试对象会有未来有无还款能力或者违约风险的担忧而产生财富预期，仅有14个（12.96%）在获得借款后并无有无还款能力等思考；在94个非学生样本中，有77个（81.91%）被试对象获得借款后会担忧未来有无还款能力或者说担忧违约事件，从而产生未来财富预期，而仅有17个（18.09%）被试对象在获得借款后并未有未来财富预期。

以学生样本和非学生样本为例[③]，单样本检验表明，在所有被试对象中，有预期样本和无预期样本之间差异性（双尾）系数为0.000，这表明，大部分被试对象对于获得借款后都会担忧未来有无还款能力，也就是大部分被试对象都会形成未来财富预期。进一步地分样本，无论是学生样本还是非学生样本，对于有无还款能力担忧的差异性都较为显著，这说明文章在选择问卷分析时，无论是学生样本还是非学生样本都具有财富预期。

如表4.1所示：

[①] 对于居民在金融活动过程中是否会担忧未来违约而出现财富预期，现有统计资料并无详尽的数据，因此，为证明文章选题的科学性，即论证借款者因担忧未来违约而形成财富预期具有普遍性，本书进行了简单调查，从而为本书研究提供实践基础。另外，由于居民有量入为出的传统，在借款前也会对未来预期，有可能根据收入预期来调整信贷额度，这成为一种共识，因此，本书并没有针对借款前的预期进行调查，而仅对获得融资服务后的财富预期进行调查。

[②] 样本数为202，学生样本主要来源于西南大学，生源较为分散，涵盖东、中、西区域，具有一定的代表性；非学生样本则来源于重庆社区居民及在重庆工作的农村居民。其中，学生（108）和非学生（94），沿海（36）和内地（166）。

[③] 鉴于学生样本与非学生样本之间并无明显的差异性，故在下文分析中，不再分别针对学生样本与非学生样本进行单独分析。一是证明担忧未来还款风险的财富预期的客观性，即证明文章研究的内容是科学问题有实践基础；二是要样本具有一定的代表性和一般性，主要是证明无论是学生样本还是非学生样本、东部样本和中西部样本间，他们的财富预期及对结果进行消费调整方面并无差异性。结果表明，学生样本和非学生样本、东部样本和中西部样本之间并无明显的差异性，限于篇幅，本书仅报告学生样本和非学生样本。

表 4.1　单一样本检验

分类	T	df	显著性（双尾）	平均差异	95%差异数的信赖区间	
					下限	上限
全样本	45.371	201.000	0.000	1.153	1.103	1.204
学生	34.788	107.000	0.000	1.130	1.065	1.194
非学生	29.587	93.000	0.000	1.181	1.102	1.260

　　独立样本检验结果表明（见表 4.2），针对借款者在获得贷款后，是否未来有无还款能力或者有无违约风险的担忧，Levene 变异数相等测试（方差齐性检验）结果表明，F 值为 4.058，显著性地接受 5% 水平下的不采用相等变异数检验；平均值相等的 T 测试结果为 0.996，并未通过显著性检验，这都说明在所有问卷内容中，学生群体和非学生群体在统计上并无明显的差异性[①]，也说明本书选择样本具有一定的代表性和普遍性，有助于实现研究结论的普适性和可推广性。

表 4.2　独立样本检验

分类	Levene 的变异数相等测试		针对平均值是否相等的 T 测试						
	F	显著性	T	df	显著性（双尾）	平均差异	标准误差	95%差异数的信赖区间	
								下限	上限
采用相等变异数	4.058	0.045	1.005	200.000	0.316	0.051	0.051	−0.049	0.152
不采用相等变异数	—	—	0.996	186.026	0.321	0.051	0.051	−0.050	0.153

　　对于如果有担忧未来还款能力或者违约风险，并且预期未来可能会出现因收入小于借款而无力还款或者违约的后果，作为家庭决策者，此时您是否会调整（减少）消费开支？在全部 171 个样本中，有 168 个（98.25%）会根据预期结果对自己消费进行调整，仅有 3 个（1.75%）认为不管预期结果如何，自己都不会调整（减少）消费支出。在 94 个学生样本中，94 个（100%）则会根据预期结果来调整消费支出，在 77 个非学

---

　　① 鉴于学生样本与非学生样本之间并无明显的差异性，故在下文分析中，如无需要，不再把学生样本与非学生样本进行区别分析。

生样本中，74 个（96.10%）会根据预期结果来调整消费支出，而仅有 3 个（3.90%）则不会根据预期结果进行调整。进一步的独立样本检验表明（见表 4.3），差异性检验数为 0.054，并未通过显著性检验，这说明学生样本和非学生样本在获得借款后对预期结果的反应并未表现出明显的差异性。

表 4.3　独立样本检验

分类	Levene 的变异数相等测试		针对平均值是否相等的 t 测试						
	F	显著性	T	df	显著性（双尾）	平均差异	标准误差	95%差异数的信赖区间	
								下限	上限
采用相等变异数	16.365	0.000	1.941	169.000	0.054	0.039	0.020	-0.001	0.079
不采用相等变异数	—	—	1.755	76.000	0.083	0.039	0.022	-0.005	0.083

　　综上表明，学生样本和非学生样本、东部样本和中西部样本在获得金融服务后是否有未来财富预期及是否根据预期结果进行调整表现出一致性，并无显著的差异性。表明大部分农户在金融活动过程中，由担心未来有无还款能力或者有无违约风险而形成财富预期，并会根据财富预期结果来调整其消费，说明文章研究消费信贷的财富预期效应具有现实基础。

　　之所以农户在获得借款后会担忧未来还款能力，主要原因在于担忧无力还款而被动造成违约，从而损害农户家庭的社会声誉，进而提高金融市场再次融资的门槛。从根本上看，农户借款者对违约事件担忧的深层次原因在于收入的不稳定性。从农户家庭的收入组成来源看（见图 4.2）[①]，经营性收入和工资性收入是支撑农户家庭收入的主体，经营性收入虽然较为稳定，但更容易受到市场价格的影响，并且对家庭总体收入的贡献在不断下降，而工资性收入和转移性收入在农户家庭收入中的比例不断上升。从图 4.2 中可清晰地看到，2014—2018 年，农户工资性收入超过经营性收入，成为农户家庭收入的第一来源，而经营性收入的重要性在不断下降，转移性收入和财产性收入的比重在不断上升。虽然工资性收入成为农户收入的主要来源，但农村家庭劳动力就业一般在建筑、餐饮等劳动密集型行

[①]　数据来源于《中国农村统计年鉴 2019》。

业，就业及收入极不稳定。特别是在经济增速放缓、结构调整和产业转移等多重因素的影响下，农民工就业和工资水平增长也将受到一定影响；而家庭经营性收入容易受到气候等因素影响，收入稳定性较差；而对于转移性收入和财产性收入对农户家庭收入的贡献较小。因此，对农户而言，收入的不稳定性促使着农户对消费信贷形成主动预期，以提前对未来环境进行预判，从而调整自己的决策行为。当然，除了收入的不稳定以外，家庭规模等人口特征也驱动着农户决策者在进行决策之前对未来进行评判。

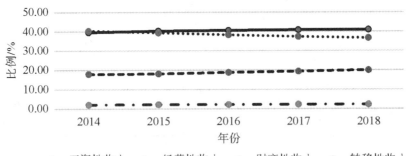

图 4.2 农户家庭各收入来源占比

当然，在农村金融市场上，存在着银行业务等正规金融服务，也存在亲友借贷等非正规金融服务。但由于交易成本和信息不对称的存在，作为农村金融市场的供给主体，银行、信用社等为代表的正规金融部门普遍对农户惜贷，造成农村金融资源的非效率供给。换言之，处于发展中的农村居民在获得金融服务过程中受到消费信贷约束的关键在于，这些国家往往并存着二元金融市场（Zeldes，1989）。而 Petrick（2005）则认为造成农户信贷约束的根源是农户自身信贷资源不足，很难在市场中获得授信支持。伴随着农户生活水平的不断提高，农户对金融服务需求提出了更高的要求，传统的单一正规金融已很难满足农户金融需求，迫切需要更多的金融服务主体。亲朋好友、民间机构等金融机构的存在很大程度上弥补了传统金融服务的不足。在 2014 年家庭追踪调查数据（CFPS）中，在农村家庭6 117 份有效样本中，借款对象首选银行有农户有1 138户，仅占总户数的18.60%，然而有4 979户家庭贷款对象则首选亲友等非正规金融融资，占总户数比例达到81.40%。马文杰和徐晓萍（2018）也调查发现农户优先向亲友借款的比例高达73.62%，优先从银行贷款的仅占15.66%，说明正规金融还远不能满足农户消费信贷需求。

随着农村金融供给侧结构性改革的逐步深入，以"三农"为服务对象的农村金融供给机构逐步发展起来（徐璋勇和杨贺，2014），在政策和利益的双重驱动下更多金融机构向农村基层倾斜，有效地缓解了信贷资金和"三农"的"目标偏移"现象。一方面是正规金融机构农村服务布局的加快，资金需求方和供给方之间的信息不对称程度得到缓解，搜寻成本得到降低（Leyshon et al.，1996）；另一方面是非正规金融因得到政策的惠及而在规模上和在服务区域上都得到迅速发展和拓展，在正规金融服务盲区地发挥了互补效应，满足农村弱势群体对金融服务的需求。在某种程度上讲，农村金融发展朝着主体多元化、内容多样性方向发展。从理论上看，正规金融有信贷规模及风险控制优势，而非正规金融有时间及信息甄别优势，二者进行策略性结合可以有效地缓解农村金融市场的信贷约束，有效释放潜在的消费需求。从现实情况看，农户通过正规金融市场和非正规金融市场寻求消费信贷服务，通过金融活动结合自身经济环境变化会对未来财富变化进行价值重估，进而形成财富预期影响消费行为决策。因此，有必要探讨正规金融和非正规金融之间对农户消费财富预期的协同效应。

4.1.1.2 研究假设

传统经济学基于效用最大化来解释借款者的消费行为决策，但并没有关注到农户借款者的心理预期活动对其消费决策的影响。虽然行为经济学初步分析了不同收入来源的消费倾向有一定差异性，从而诠释出一些非理性行为，但并未从财富预期视角来探讨借款者行为。现实情况是，农户借款者不仅通过会计账户产生物质（货币）财富，还可以通过心理账户产生财富预期。这是因为在获得信贷融资支持后，借款者会根据经济环境变化而对未来有无还款能力或者违约（履约）风险等不确定性经济后果（Kahneman 把这种不确定性后果被称为前景）进行预期，同时会建立心理账户对不同前景下的金融财富价值进行重新估价（价值判断），最终形成财富预期。财富预期的前提是构建心理账户，Thaler（1985）对此首次提出心理账户系统，他认为，居民在进行消费决策时将对财富进行编码、分类和评估等认知过程的构建，从而建立了消费者心理账户。Kahneman 则建立价值函数和决策函数来对财富进行价值判断。从心理账户的形成过程可知，Thaler 根据不同财富来源划分为不同的心理账户，同时，认为不同心理账户之间不具有替代性。当然，根据收入的来源，财富可分为不同的心理账户，如辛苦所得、偶然所得等，也可以将财富分为固定收入账户和临时收入账户（Kivetz，1999），分离模型的主要观点认为划分的主要依据是行为事件与账户的相关性，相同的相关性则同属于同一账户（Kahneman 和 Tversky，1984）。但对如何界定相关性的问题，分离模型无法做出有效回答。目标代表学派（Brendl 和 Markman，1998）的主要观点为：心理账户的建立与行为主体面临的决策情景密切关联，进入账户的事件都从某方面表征出目标。显然，在金融市场上获得的消费信贷支持是以消费为目标，本质上看，应该和收入归入同一心理账户。消费信贷属于自己的未来收入，但心理账户不仅有分类功能，还有估价、预算功能。因此，农户借款者在获得金融服务支持后，会担忧未来有无还款能力或者是否会出现违约风险而对消费信贷进行估价，从而形成财富预期，财富预期结果也是未来违约风险的直接反映。因此，本书提出第一个研究假设。

假设4.1　在金融活动中，农户借款者会通过心理账户对财富进行记账、编码和估算，最后形成虚拟的财富预期。

不同的财富形态意味着不同的价值体现，实物财富主要表现为使用价值，而财富预期是虚拟财富的重要表现形式，其存在的初衷主要满足农户借款者的心理需求，农户决策者会根据财富预期结果做出相匹配的消费决策。Thaler（1980）在理论中证明，行为主体在心理上倾向于把过去的投入和现在的付出加和作为总成本来衡量决策的代价，从而产生了沉没成本效应。通过实践也发现，沉没成本效应的大小和沉没成本有直接关系，沉没成本越大，沉没效应也越强，较多的付出意味着较多的沉没成本，从而更容易引发沉没成本效应（Tykocinski 和 Ortmann，2011）。这表明，随着沉没成本效应的逐渐变大，农户消费时遇到的阻力也越大。从本质上看，消费信贷作为未来财富的提前配置；从借款成本角度看，行为主体在获得借款过程中的经济付出、时间付出等构成了消费信贷的沉没成本。如果把获得的借款额看作收获的话，那么行为主体在消费决策时往往会将获得和成本付出进行比较（Kahneman 和 Tversky，1984），并将个人的获得和损失比较结果作为决策参照点（谢晓非 等，2012），行为特征则表现出刻板的特征：居民对获得与成本比较结果表现出相对保守机械的反应，获得大于付出时行为特征较为积极，而当获得小于付出时行为特征较为保守（Staw et al.，1981）。当心理账户表现盈余（即财富预期为正）的时候，行为主体进行消费时会享受到快乐，从而将继续增加消费支出；反之，当心理账户表现为赤字（即财富预期为负）的时候，行为主体消费时将有痛苦的体验，所以倾向于选择损失或债务规避（Kahneman 和 Tversky，1979；李爱梅 等，2007），进而减少消费支出。较多的心理账户余额更有利于诱发消费者做积极决策（Shefrin 和 Thaler，1988）。即是说，心理账户对消费信贷进行价值判断的结果形成心理账户余额，而心理账户余额的多寡预示着可用于消费的预算资源的规模。对获得的消费信贷而言，是自己未来财富的贴现，也就是为获得贷款而付出的沉没成本，因此可以说借款成本越高，在其他条件不变时，沉没成本对消费构成阻力也越大。总之，对消费信贷的财富预期规模越大，则越意味着未来违约风险的可能性就越低，农户借款者在消费时并无违约之虑，用消费信贷进行消费决策的可能性也就越高。鉴于以上分析，本书提出假设。

假设 4.2 消费信贷对农户消费有积极的财富预期效应，即财富预期的增加刺激了农户消费支出。

农户在金融活动过程中会基于未来不确定性前景从而形成财富预期，但从借款来源看主要有正规金融和非正规金融部门。一般来说，由于信息不对称及借款成本等原因，正规金融部门在借款过程中普遍会存在"惜贷"的行为。特别是在农村地区，农村居民正在受到强烈的正规金融排斥（王修华和谭开通，2012）。当正规金融缺少功能性和制度性时，非正规金融在这一情况下就能够很好地扩大当期消费，改善居民的效用水平（朱信凯和刘刚，2009）。但伴随着生活水平的提高，特别是当有大宗消费需求时，亲友之间出于道义的借贷就难以完全满足农村居民的需求，农村居民仍需转向正规信贷渠道寻求帮助（黄祖辉 等，2009）。而出于这种情况时，正规消费信贷也是居民最为期待的一种融资渠道（黄祖辉 等，2007；程郁 等，2009）。正规金融和非正规金融之间的关系可总结为替代（Bose，1998）和补充（Kochar，1997）两种关系。但当信息不对称时，两者合作共存才是最理想的市场状态（赵晓菊 等，2011）。资金和风险控制是正规金融所拥有的优势，而非常规金融也有着自己的优势，那就是效率以及信息甄别等。一旦两者通过合作形成联动，那么金融服务的门槛就能够被大大地降低，居民取得融资的可能性也会大大提高（Jain 和 Symbiosis，1999；刘西川 等，2014），这对于提高消费非常有利。一方面，居民可以从非正规金融部门获得正规金融部门所无法满足的融资需求（Bose，1998）；另一方面，正规金融部门也可以通过居民在非正规金融部门获得贷款从而进行金融决策（刘西川 等，2014），这样一来，信息甄别等隐性成本和金融服务的门槛就被降低了。最后，农户需要经过漫长的程序才能在正规金融部门获取贷款，而在非正规金融部门则可以快速获得支持（赵晓菊 等，2011）。综上，这两者都对农户消费产生了正向财富预期效应，而当它们形成合作联动时，就会对这种积极的效应产生进一步的强化。因此，本书提出研究假设。

假设 4.3 二元金融形成互补发挥出正向的协同效应，进一步释放消费信贷对消费的财富预期效应。

4.1.1.3 模型选择

消费意愿意味着潜在的消费支出或者消费可能性，而 Probit 分析工具可更好地捕捉消费可能性，因此本书基于有序 Probit 半参数回归模型来检验消费信贷对居民的财富预期效应。考虑到调查数据以离散数据为主，并且财富预期作为潜变量，故采用有序 Probit 模型来实证分析财富预期对消费的影响。通常而言，考虑到变量分层引起的信度问题，本书将收入阶层按 20%、20%~80%、80% 以上由低到高分为低收入阶层、中收入阶层和高收入阶层群体：

$$s^* = \begin{cases} 1 & s < 20\% \\ 2 & 20\% \leqslant s < 80\% \\ 3 & s \geqslant 80\% \end{cases} \tag{4.1}$$

这样，通过式（4.1），便将 s 重新划分成三个互不重叠的区间 s^*。进一步对因变量进行正态化处理得到新变量 s'，建立如下关系式：

$$s^* = \begin{cases} 1 & s' < s_1 \\ 2 & s_1 \leqslant s' < s_2 \\ 3 & s' \geqslant s_2 \end{cases} \tag{4.2}$$

通过计算可得到 s^* 选某一特定数值的可能性为

$$pr[s^* = j] = \begin{cases} F(s_1 - x'_i\beta) & j = 1 \\ F(s_2 - x'_i\beta) - F(s_1 - x'_i\beta) & j = 2 \\ 1 - F(s_2 - x'_i\beta) & j = 3 \end{cases} \tag{4.3}$$

其中，$F(\cdot)$ 符合正态分布，s_1 和 s_2 是新的区间划分值，x 表示包括财富预期等变量，β 表示相应的估计系数。接下来，把 s^* 作为被解释变量，建立有序 Probit 模型。则此模型的对数似然函数即为

$$\ln L(\beta, s_1, s_2, s_3) = \sum_{i=1}^{n} \sum_{j=1}^{3} 1\{s^* = j\} \ln \left[F(s_{j+1} - x'_i\beta) - F(s_j - x'_i\beta) \right] \tag{4.4}$$

上式中 1{·} 代表示性函数，当括号内条件成立时为 1，否则为 0。通过最大化该对数似然函数，可以估计出有序响应模型中的系数 β 和参数 s_1 和 s_2 值。但常用的有序 Probit 模型在估计系数 β 时将残差 ε 设定为标准状态分布，这很明显在实际中难以实现。对此，Stewart（2004）提出可以采用半参数方法进行修正，假定事先并不知道 ε 的函数分布，从而利用 Hermit 序列 $f_k\{\varepsilon\} = 1/\alpha * \left(\sum_{\rho=0}^{k} s_s \varepsilon^2\right)^2 \prod(\varepsilon)$ 逼近 ε 的密度函数。进一步由该逼近分布的累积分布函数 $F_k(·)$ 替换似然函数中的 $F(·)$，求解便可得到参数 β 的估计。

本书使用有序 Probit 半参数估计来探讨财富预期对居民消费的影响。有序 Probit 半参数估计的基本思想是假定：

$$y_i^* = \beta x_i' + \varepsilon_i \tag{4.5}$$

对于 $i = 1，\cdots，N$，其中 x_i 是一组解释变量的观测向量，β 是未知参数的向量，ε_i 是随分布函数 F 独立分布的随机误差项。对所有观测值如果 y_i^* 能被观测到，则 β 通过普通最小二乘法（OLS）进行一致估计，而并不需要 ε_i 分布假设。对于本书中考虑的数据类型，y_i^* 本身未被观察到。相反，观察到的因变量 y_i^* 是离散的，取其中一个值 $\{1，2，\cdots，J\}$，与 y_i^* 有关，如下所示：

$$y_i = \begin{cases} 1 & if \ y_i^* < \alpha_1 \\ 2 & if \ \alpha_1 < y_i^* < \alpha_2 \\ \cdots \\ J & if \ \alpha_{J-1} < y_i^* \end{cases} \tag{4.6}$$

其中 α_J 是附加参数，使得 $\alpha_1 < \alpha_2 < \cdots < \alpha_{J-1}$。因此，$y_i^*$ 的范围被划分为 J 互斥和穷举的区间，变量 y 表示落入特定观察的区间。因变量 y 是序数的，并且 α_J 被视为要估计的参数。对于 $2 \leqslant j \leqslant J-1$，特定观察结果的概率由下式给出：

$$\begin{aligned} \Pr[y_i = j] &= \Pr[\alpha_{j-1} \leqslant y_i^* < \alpha_j] \\ &= \Pr[\alpha_{j-1} - \beta x_i' \leqslant \varepsilon_i < \alpha_j - \beta x_i'] \\ &= F(\alpha_j - \beta x_i') - F(\alpha_{j-1} - \beta x_i') \end{aligned}$$

其中 F 是 ε_i 的累积分布函数，并假设不包含另外的未知参数。例如，ε_i 是已知变量。这个假设修正了 y_i^* 的测量尺度，但不是原点。鉴定可以通过假设零截距（即 x_i 不包含常数）来实现术语或通过固定 α_J 之一。前者

在这里使用。可能结果的全部概率是

$$\Pr[y_i = j] = \begin{cases} F(\alpha_j - \beta x_i') & if\, j = 1 \\ F(\alpha_j - \beta x_i') - F(\alpha_{j-1} - \beta x_i') & if\, 2 \leqslant j \leqslant J - 1 \quad (4.7) \\ 1 - F(\alpha_{j-1} - \beta x_i') & if\, j = J \end{cases}$$

采用 $\alpha_0 = -\infty$ 和 $\alpha_J = +\infty$ 的附加符号，可以更紧凑地写为

$$\Pr[y_i = j] = F(\alpha_j - \beta x_i') - F(\alpha_{j-1} - \beta x_i') \qquad (4.8)$$

对于所有 j，这定义了一类累积概率模型，其中累积概率的已知变换被认为是 x 变量的线性函数，并且只有该函数中的截距在不同类别中不同：

$$F^{-1}\{\Pr[y_i \leqslant j]\} = \alpha_j - \beta x_i' \qquad (4.9)$$

这种模型的自然估计是最大似然估计。假定：

$$y_{ij} = \begin{cases} 1 & if\, y_i = j \\ 0 & else \end{cases}$$

然后，模型的对数似然性由下式给出：

$$\log L = \sum_{i=1}^{N} \sum_{j=1}^{J} y_{ij} \log[F(\alpha_j - \beta x_i') - F(\alpha_{j-1} - \beta x_i')] \qquad (4.10)$$

这相对于 $(\beta, \alpha_1, \alpha_2, \cdots, \alpha_{J-1})$ 最大化，即 $M + J - 1$ 参数，其中 M 是外生变量的数量，记住 β（因此 M）不包括截距。

迄今为止，用于分析有序响应的最常用模型是有序 Probit 和 Ordered Logit 模型（分别将 F 视为标准正态和逻辑分布）。由 Aitchison 和 Silvey（1957）引入的有序 Probit 模型假设 $\varepsilon_i \sim N(0, \sigma^2)$。采用标度归一化 $\sigma = 1$ 并对识别施加零截距，概率由下式给出：

$$\Pr[y_i = j] = \Phi(\alpha_j - \beta x_i') - \Phi(\alpha_{j-1} - \beta x_i') \qquad (4.11)$$

其中 Φ 是标准正态的累积分布函数，而式（4.10）是 F 代替 Φ 的对数似然。

由 Gallant 和 Nychka（1987）提出的"半非参数"对未知密度的系列估计使用 Hermite 形式近似密度。该近似估计可以写成平方多项式和正态分布密度的乘积。这给出了具有高斯前导项的多项式展开。事实上，可以使用具有矩生成函数的任何密度周围的扩展，但正态是当前上下文中的自然选择，因为所得到的模型然后嵌套有序 Probit。以确保密度近似是正确的（即它除了由平方确定的非负性之外，确保各项和为 1），近似值被指定为

$$f_K(\varepsilon) = \frac{1}{\theta} \left(\sum_{k=0}^{K} \gamma_k \varepsilon^k \right)^2 \varphi(\varepsilon) \qquad (4.12)$$

其中 $\varphi(\varepsilon)$ 是标准正常密度函数, θ 为

$$\theta = \int_{-\infty}^{\infty} \left(\sum_{k=0}^{K} \gamma_k \varepsilon^k \right)^2 \varphi(\varepsilon) d\varepsilon \qquad (4.13)$$

然而, 这种密度的一般规范对于矢量 $\gamma = (\gamma_0, \gamma_1, \cdots, \gamma_k)$, 并且需要归一化处理。限制条件 $\gamma_0 = 1$ 是一个便捷的选择。因此, 所需的分配函数被指定为

$$F_K(u) = \frac{\int_{-\infty}^{u} \left(\sum_{k=0}^{K} \gamma_k \varepsilon^k \right)^2 \varphi(\varepsilon) d\varepsilon}{\int_{-\infty}^{\infty} \left(\sum_{k=0}^{K} \gamma_k \varepsilon^k \right)^2 \varphi(\varepsilon) d\varepsilon} \qquad (4.14)$$

这里定义了一系列"半非参数"(SNP) 分布, 用于增加 K 的值。假设未知密度满足某些平滑条件, 通过增加 K 的选择即多项式的次数任意近似地表达该 Hermite 系列。随着样本大小带来 K 增加的条件下, 通过将式 (4.10) 中的未知分布函数替换为式 (4.14) 中的未知分布函数, 最终使用最大化虚拟似然函数来一致地估计模型参数。

注意, 在 $K = 1$ 的情况下, $E(\varepsilon_i) = 0$ 的作用可以显示为暗示 $\gamma_1 = 0$, 因此在这种情况下, 模型简化为有序 Probit 模型。这里使用的等效限制的强加具有相同的含义。在一般情况下, 模型的一个重要附加特征是在有序概率估计值下 γ_2 的得分为零。这意味着 $K = 2$ 的模型也等于有序 Probit 模型 (以及 $K = 0$ 和 $K = 1$)。因此, $K = 3$ 的模型是该系列中的第一个模型, 它是有序 Probit 模型的推广。

在实践中, 推理是以 K 为条件进行的, 可能是对 K 的一系列替代值, 通过它们之间的测试选择模型的最终规范。因此, 实际上, 模型被视为给定 K 的参数, 而模型选择过程实际上是在寻找最优 K 值。正如 Pagan 和 Ullah (1999) 指出的那样, 方向是非参数的, 但操作方式是参数的。后一特征是吸引人的, 因为估计可以在熟悉的最大似然环境中进行。因此, 半非参数-最大似然 (SNP-ML) 方法可以被视为一系列多项式密度和对应的伪似然函数, 以及用于减小参数向量的维度并提高有限样本中效率的标准模型选择过程。

式 (4.12) 的多项式形式意味着可以使用标准正态分布的高阶截断矩来导出虚拟似然函数所需的由式 (4.14) 给出的累积概率。首先, SNP 密度可写为

$$f_K(\varepsilon) = \frac{1}{\theta} \sum_{k=0}^{2K} \gamma_k^* \varepsilon^k \varphi(\varepsilon) \qquad (4.15)$$

在这里，$\gamma_k^* = \sum_{i=a_k}^{b_k} \gamma_i \gamma_{k-i}$，$a_k = \max(0,\ k-K)$，$b_k = \min(k,\ K)$。然后给出适当密度的比例因子：

$$\theta = \int_{-\infty}^{\infty} \sum_{k=0}^{2K} \gamma_k^* \varepsilon^k \varphi(\varepsilon) d\varepsilon = \sum_{k=0}^{2K} \gamma_k^* \mu_k \qquad (4.16)$$

其中，μ_k 是标准正态分布下的第 k 个矩。假设对于 $\gamma_0^* = \gamma_0^2 = 1$ 并且 $u_k = 0$，则可以将其写为

$$\theta = 1 + \sum_{k=1}^{K} \gamma_{2k}^* \mu_{2k} \qquad (4.17)$$

虚假似然函数所需的式（4.14）中累积概率可写为 $F_K(u) = \frac{1}{\theta} \sum_{k=0}^{2K} \gamma_k^* \int_{-\infty}^{u} \varepsilon^k \varphi(\varepsilon) d\varepsilon$，这是正态标准的截断矩的线性组合 $I_k(u) = \int_{-\infty}^{u} \varepsilon^k \varphi(\varepsilon) d\varepsilon$，然后可以通过利用递归来简化最大似然迭代的似然贡献的计算：

$$I_k(u) = (k-1) I_{k-2}(u) - u^{k-1} \varphi(u) \qquad (4.18)$$

$I_0(u) = \Phi(u)$ 和 $I_1(u) = -\varphi(u)$。每个截断的矩可以写为标准正态累积分布和密度函数的多项式组合。可以在当前上下文中进一步简化公式，其中每个累积概率是由完整矩的对应组合缩放的截断矩的线性组合。可以证明递归仅需要涉及这些截断矩的表达式的正常密度函数部分。式（4.14）中的累积概率可写为

$$F_K(u) = \frac{1}{\theta} \sum_{k=0}^{2K} \gamma_k^* I_k(u)$$

通过式（4.17）中的相应组合给出 θ。使用式（4.19）中的递归，也可以表示出该线性组合中的截断矩 $I_k(u) = \mu_k \Phi(u) - A_k(u) \varphi(u)$。其中，$A_k(u)$ 由递归给出，$A_k(u) = (k-1) A_{k-2}(u) + u^{k-1}$，$A_0(u) = 0$ 和 $A_1(u) = 1$。使用此虚假随机函数所需的式（4.14）中的累积概率可写为

$$F_K(u) = \frac{1}{\theta} \sum_{k=0}^{2K} \gamma_k^* [\mu_k \Phi(u) - A_k(u) \varphi(u)]$$

$$= \Phi(u) - \frac{1}{\theta} \Big[\sum_{k=0}^{2K} \gamma_k^* A_k(u) \Big] \varphi(u) \qquad (4.19)$$

方括号中是 u 的有序多项式（2K-1）。SNP 框架中的累积概率以标准正态累积分布函数作为主导项，并且与此不同的是标准正态分布和 u 中的该多项式的乘积。然后通过用式（4.19）中的最终表达式替换式（4.10）中的未知分布函数来给出 SNP 估计量。

4.1.1.4　实证分析

（1）模型设计

在厘清了消费信贷对农户消费的财富预期效应的前提下，本书检验消费信贷的财富预期效应，以传统的消费模型为基石，构建模型为

$$\text{consumption}_i = \alpha_0 + \alpha_1 \text{pseudow}_i + \alpha_2 \text{income}_i + \alpha_3 \text{wealth}_i + \sum \varphi \text{control}_i + \varepsilon_i \tag{4.20}$$

被解释变量：消费支出（consumption），代表农户全年日常生活消费性支出，参照国家统计局的统计项目，消费支出涵盖衣、食、住、行、享、医六个方面。

核心解释变量：财富预期（*pseudow*），财富预期既与借贷额①有关，还与融资成本和个人还款可能性有关。①单位融资成本。借贷成本越高，农户决策者则越会降低对消费信贷财富的价值判断，即农户借款者感受到的财富值就越少。②还款可能性。还款（履约）可能性不但会直接影响财富预期规模的大小，而且还会影响对财富预期的价值判断。在财富预期核算过程中，还款可能性越高，则越会提高履约这一前景的决策权重，从而带动财富预期的增加。此外，为揭示财富预期对农村家庭消费的影响，有必要对产生财富预期效应的消费信贷源泉进行说明。借贷主要来自两种渠道：以银行、农村信用社等为主的正规金融部门和以亲朋好友为主的非正规金融。

其他控制变量②：农户作为农村消费市场的重要组成部分，既是生产者也是消费者，其消费行为和一般居民消费既有共性，也有自己的特殊性。在和一般居民消费的共性方面，家庭收入和家庭资产为农户消费提供

---

① 本书的借款仅用于生活性消费，在 CFPS 调查中详细统计了家庭是否有投资经商活动，因此可作为判断信贷用途的主要依据。

② 考虑到数据的可获得性以及实证分析的需要（主要表现为静态与动态、地区差异与主体差异分析比较需要），本书仅选取家庭人口规模作为控制变量，而没有将家庭受教育程度、健康状况、社会网络等控制变量纳入分析框架内。此外，考虑到变量间可能存在的共线性对实证分析的影响，本书在进行实证检验前对变量间的共线性进行 Pearson test，结果表明，各变量间的相关系数均不超过 0.5，这意味着变量间并不具备严重的共线性。

了重要的物质支撑，在农户消费也有自身的特性，如家庭规模的多寡也会在一定程度上影响农户消费支出规模。因此，本书选取影响农户消费的其他变量，包括家庭收入、家庭资产、家庭规模、文化程度、健康状况和社会资本等。家庭收入（income）：在问卷调查中，家庭纯收入主要为扣除各项税收后的纯收入。家庭总资产（wealth）：家庭实际拥有的财富水平，包括房子当前市价、其他房产市价、现金及存款总额、定期存款总额、金融产品总价。家庭规模（familys）：家庭规模是指同灶吃饭人员的数量，不包括不住在家中、而且不供养这个家庭、同时家庭也不供养他的人员。文化程度（edu）：本书用家庭藏书量表示文化教育程度以反映家庭的人力资本投资力度。根据问卷关于藏书量的问题，对受访者的答案"没有（0本）、1~10本、11~20本、21~50本、51~100本、101~500本、501~1 000本、1 001本及以上"依次将赋值为0~7来衡量文化程度。社会网络（soail），用和邻里的关系来表示，根据问卷"过去12个月，您家与邻里之间的关系如何？"，将关系很紧张、关系有些紧张、关系一般（来往很少但没有矛盾）、比较和睦、很和睦依次赋值为0~4。健康状况（health），将家庭受访者的健康状况作为家庭健康程度的代理变量，将健康状况"很差-很好"依次赋值为1-7。地区类别，东部地区则赋值为1，中西部则为0。

（2）数据选择

为实证分析财富预期对农户消费支出的影响，本书运用中国家庭追踪调查（CFPS 2014）数据中的农村家庭样本，数据包括儿童、成人、家庭、家庭关系、社区五个层次，涵盖25个省级单位，调查样本总户数为16 000户。数据筛选过程包括：第一，删除缺失值或变量不完整的调查对象；第二删除收入为0的家庭以及低收入5%的家庭。然后是在金融市场上没有借款行为的家庭，最终选取了1 100份2014年（CFPS）的有效样本，其样本描述性分析见表4.4。①

　　① 选择2014年的CFPS数据，有两个原因：①考虑到样本量。符合经验分析的数据中2014年的数据最多，达到1 100份，而其他年份无法保证本书实证分析的需求（分地区），故而采用2014年的数据；②从变量选择来看，选用2014数据是因为2014年对家庭社会网络、健康状况等的统计更为翔实，而在其余年份则无此调查。

表 4.4 主要变量描述性统计

变量	单位	平均值	标准差	最小值	最大值
家庭消费	万元	4.457	4.292	0.069	40.406
家庭纯收入	万元	4.406	4.944	0.150	75.930
总借款	万元	4.785	11.437	0.000	300.000
正规金融借款	万元	1.503	4.893	0.000	100
非正规金融借款	万元	3.282	10.208	0.000	300
家庭资产	十万元	3.003	34.046	0.000	1 000.000
家庭规模	人	4.452	1.792	1	14
文化程度	本	1.792	1.878	0	7
健康状况		5.572	1.123	1	7
社会网络		3.179	0.869	0	4

根据描述性统计结果（见表4.4）得出，2014 年家庭的消费平均值为4.457 万元，家庭纯收入为 4.406 万元。从比较收入和支出看，农村家庭消费主体在消费时会出现 0.051 万元的资金缺口，为弥补出现暂时的预算不足状况，农户需要借助于金融市场来获得信贷支持。表中总借款额为4.785 万元，而正规金融借款额（1.503 万元）低于非正规金融（3.282 万元），说明农村农户受到正规金融较为严重的排斥。平均家庭规模为 4.452人，较多的人口暗示着农村地区蕴藏着较大的消费潜能，农村需求市场前景广阔。文化程度总体为 1.792，标准差为 1.878，说明农村地区文化程度差别不大。

（3）计量分析

①财富预期。基于前文对消费信贷财富预期的产生过程可知，借款者对消费信贷财富进行编辑、估算进而形成财富预期，财富预期计算公式为

$$PW_t = \left[(-p'_t) \cdot \lambda_A + (1 - p_t) \cdot (1 - \lambda_A) \right] \cdot b_t \qquad (4.21)$$

考虑到现有研究对违约成本无统一的标准和缺乏统计支持，因此，本

书假定违约成本等同于借款成本①，最后财富预期的计算可进一步表示为

$$PW_i = (1 - \lambda_i - p_i) \cdot b_i \qquad (4.22)$$

其中，λ_i 为个体 i 无能力还款或者违约事件发生的可能性，$1 - \lambda_i$ 则为有能力还款或者履约的可能性，p_i 为单位借款成本，b_i 为借款金额。

$1 - \lambda_i$ 为履约的概率。对于预期收入负债比，由于借款者在借款前后均有对未来有无还款能力的担忧，因此，分别采用预期和非预期的方式来对收入负债比进行测量。鉴于国内农村居民信用数据的缺失，本书参照朱信凯和刘刚（2009）的方法，用收入和借款总额的比值来衡量履约概率，当收入和借款总额的比例值大于 1 时，履约概率取 1。因为，如果失信，不良信用将阻碍再次借款的进行，考虑到违约并非最优选项，借款者有履约能力时必然不会让违约事件发生。故而，较高的收入水平意味着较强的履约能力，履约率也就越高。

p_i 为每 1 单位借款的价格成本，用实际贷款利率表示。农村金融服务主体既有传统金融机构，也有新兴金融机构，且各金融机构的涉农贷款利率没有统一的参考标准。《中国农村家庭金融发展报告 2014》指出：83.3% 的民间借贷是没有利息的，在本次 CFPS 调查数据中，拥有民间借贷利率的样本占比不足 1% 为该报告提供了强力的佐证。报告还表明，农户从正规金融部门借款利率达到 7.3%，因此，本书将农户从正规金融部门和非正规金融部门获得借款和利率分别设定为 0.073 和 0。

b_i 为从金融市场上各种借款总额，为借款总额，包括从信用社、银行等正规金融部门的贷款和从亲友、民间等非正规金融渠道获得的借款额②（不包括购房及装修贷款）。

图 4.3 报告了基于财富预期计算公式的消费信贷财富预期值的 kernel 分布图。可以看出，借款者虽然形成正的财富预期，但消费信贷的财富预期值仅为 2.230 万元，真实消费信贷额 4.785 万元，这说明居民对消费信

----

① 为保证结果的可靠性，本书也将违约成本设定为借款成本的 1.5 倍重新验证消费信贷的财富预期效应，结果和借款成本等同于违约成本并无明显差异，考虑到农村借款多为无息借款，因此本书将违约成本等同于借款成本对结果并不会造成明显的影响。至于违约成本选取借款成本的 1.5 倍，是考虑到当前对于借款人违约成本没有统一的标准，根据《中国人民银行关于人民币贷款利率有关问题的通知》相关规定，第三条："关于罚息利率问题。逾期贷款（借款人未按合同约定日期还款的借款）罚息利率改为在借款合同载明的贷款利率水平上加收 30%~50%，同时为体现出对居民违约打击的高压态势，大幅提高其违约成本，故将违约成本设定为借款成本的 1.5 倍。"

② 由于 CFPS 调查中对于家庭房贷有详细的统计，因此本书所引用的信贷并不包括购房及装修贷款。

贷的财富预期还有很大的提升空间。这也说明，借款者违约或者出现无能力还款的风险极大。

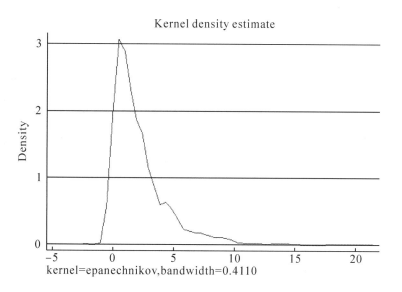

图 4.3　消费信贷财富预期值的 kernel 分布图

②参数检验。测算了消费信贷的财富预期水平之后，采用有序 Probit 模型实证分析财富预期对家庭消费支出的影响。对于不同阶数下的逼近模型嵌套问题，半参数估计是常用的方法。当 k≤2 时，有序 Probit 估计结果和半参数估计结果并没有表现出明显的差异性（Stewart，2004）。可以说，通常取 k=3 来进行半参数估计。另外，鉴于半参数估计对参数估计的嵌套性质，主要使用 LR 来验证使用半参数的合理性以及 k 值的选取。当然，LR 检验中，第一是普通有序模型（OP）的 LR 检验，作为是否采用半参数检验的依据；第二是 LR（k-1）即（k-1）阶的 LR 检验，用于确定 k 的取值。从表 4.5 的 LR 检验结果可以看出，半参数估计显著异于参数估计，因此本书使用半参数方法来验证消费信贷的财富预期效应，同时还看到，当 k 取 4，5 时，半参数估计结果和 k=3，4 估计结果并无明显差异，而 k 取 6 时，则显著异于 k=5。综合比较，本书使用 k=6 半参数估计模型。

表 4.5　不同 k 对应的模型的 LR 检验

k	对数似然值	LR OP)	P 值	自由度	LR（k-1）	P 值
OP	-941.531					
3	-939.308	4.448	0.035	1	4.45	0.035
4	-934.217	14.629	0.001	2	10.18	0.096
5	-938.611	5.841	0.120	3	-8.79	1.000
6	-932.363	18.337	0.001	4	12.50	0.000

③参数估计。根据表 4.6，参数估计与半参数估计虽然在显著性水平和影响方向上几乎一致，但其系数大小却明显不同，这与上文参数与半参数检验结论相吻合，说明本书选择的分析工具具有合理性。半参数检验结果表明，财富预期对农村家庭消费影响系数为 0.116，并且在 1% 水平下通过显著性检验。显然，农户借款主体在获得金融服务过程中，会担心未来违约风险从而形成财富预期，较乐观积极的财富预期激发了农户的消费欲望，进而增添了消费可能性。同时还表明，消费信贷不仅仅是一种财富的跨期配置，还会使农户决策者基于未来风险存在而形成财富预期，农户决策者会根据财富预期来做出相应的消费调整。实证结论和理论分析相一致，从而进一步验证了前文研究假设 4.2。收入的消费效应显著为正，说明家庭收入仍然是影响消费决策的重要变量，家庭消费行为依赖传统收入的特征依然存在，这和传统经典消费理论相吻合；但在模型中引入虚拟变量后，消费者对收入的敏感度从 0.065 降到 0.046，下降幅度达到 29.23%，说明消费信贷活动缓解了农户的流动性约束。资产的消费效应虽然显著，影响系数为 0.004，但相较于其他变量影响程度较弱，这可能和资产的流动性相关，资产更多地充当一种财富存量来平滑消费。

表 4.6　有序模型（OP）参数和半参数估计结果

解释变量	参数估计				半参数估计			
	系数	P 值	系数	P 值	系数	P 值		
家庭收入	0.026***	0.006	0.065***	0.000	0.046***	0.000		
财富预期	0.091***	0.000			0.116***	0.000		
家庭资产	0.002***	0.002	0.004***	0.000	0.004***	0.000		

表4.6(续)

解释变量	参数估计		半参数估计			
	系数	P 值	系数	P 值	系数	P 值
家庭规模	0.110***	0.000	0.110***	0.000	0.152***	0.000
文化程度	0.091***	0.000	0.075***	0.000	0.095***	0.000
地区	0.034	0.669	0.030	0.660	0.024	0.790
健康状况	0.132***	0.000	0.127***	0.000	0.158***	0.000
社会网络	0.121***	0.003	0.091***	0.009	0.097**	0.017
Wald χ^2值			82.76		268.71	
P 值			0.000		0.000	
似然值			−940.793		−932.363	
偏度			0.100		0.151	
峰度			2.724		3.055	
标准偏差			1.944		1.888	

在估计结果中，本书也注意到家庭规模和文化程度等其他变量对消费支出的显著影响。家庭规模系数为 0.152，并且通过显著性检验，家庭人口的多少意味着刚性支出的多寡，显然实证结果表明，家庭规模变化的方向和家庭消费支出变动呈现出一致性；家庭文化程度对家庭消费的影响效应大小为 0.095，并且通过显著性检验，这意味着家庭人力资本的付出可以提升家庭受教育文化，而受教育水平可以给农户带来更多的收入，家庭消费的可能性也越高。地区因素虽然对家庭消费的影响为正，但未通过显著性检验。健康状况的效应为 0.158，说明家庭户主的身体健康在很大程度上决定着家庭消费。社会网络的系数为 0.097，说明农村社会是关系型社会，亲友和邻里等影响到家庭消费支出。

前文验证了财富预期对农户消费规模影响效应的存在，但样本和变量选取会影响到实证结果的可靠性。考虑到融资成本，农户在遇到资金缺口时，首先想到的是向亲友借贷，其次才是制度性正规金融，最后是其他非制度性金融（韩俊，2009）。《中国家庭金融调查》调查显示，在所有受调查人群中，人们求助于亲友等非正规金融部门进行借款的比例要远远高于正规消费信贷，正规信贷和民间借贷的比例分别为 23% 和 67.4%。因此，作为对上文半参数结果的稳健性检验，本书使用两种方法来验证上述实证结果的可靠性：

一是变量选择，将消费信贷中基于正规金融而产生的财富预期予以删除，仅以非正式途径借款产生的财富预期来对消费信贷财富预期效应进行重新检验。前文验证了财富预期对农户消费的积极影响，然而代理变量的重新计算也会影响到实证结果的是否稳健和可靠性。

二是重新计算财富预期，前文实证中用收入负债比作为财富预期的基础，作为稳健性检验，本部分将预期收入负债比作为计算财富预期的基础。现有对收入预期一般基于 Muellbauer 和 Murphy（1997）提出的预期收入模型①，利用市场信息来构造预期的代理变量，通过时间上的高度拟合度来对收入预期进行测度，但这种处理方式适用于时间序列，对于截面数据而言，拟合度的降低必然出现收入预期的不稳定性；又由于预期指标是根据宏观经济及市场变量计算得到，无法克服内生性问题（孙伟增和郑思齐，2016），因此本书仅使用微观主体过往的收入增长率并结合宏观经济增长来测算收入预期。具体而言，通过宏观经济增长和微观收入增长作为收入预期增长率的替代变量，平均加权计算出未来收入预期，以验证前文财富预期效应影响的稳健性。

参数和半参数 LR 检验结果同样表明（见表4.7），从稳健性检验一的结果可看出，半参数估计在探讨消费信贷财富预期效应的使用上非常合适，综合比较相应的对数似然值，半参数估计模型最优 k 值为 6。稳健性检验二的检验结果表明，OP 模型 LR 检验结果意味着 k = 4，5，6 的半参数结果并不明显异于参数估计，而（k−1）阶的 LR 检验表达了半参数估计和普通有序模型并无明显差异。综上，两种稳健性检验都支持了半参数估计并且最佳 k 值为 6 的安排。

---

① 本书财富预期的测算基础并非基于预测模型，因此，本书并未阐明 Muellbauer 的具体公式和解释，对于具体的测算模型，可详见 Muellbauer J, Murphy A. Booms and Busts in the UK Housing Market [J]. The Economic Journal, 1997, 107（445）: 1701-1727.

表 4.7 不同 k 对应的模型的 LR 检验

	k	对数似然值	LR OP)	P 值	自由度	LR（k−1）	P 值
稳健性检验一	OP	−947.122	—				
	3	−945.242	3.762	0.052	1	3.76	0.052
	4	−939.807	14.631	0.001	2	10.87	0.001
	5	−944.942	4.360	0.225	3	−10.27	1.000
	6	−939.519	15.206	0.004	4	10.85	0.001
稳健性检验二	OP	−674.472	—	—	—	—	—
	3	−673.934	1.075	0.300	1	1.08	0.300
	4	−673.760	1.424	0.491	2	0.35	0.555
	5	−673.463	2.017	0.569	3	0.59	0.441
	6	−673.254	2.436	0.656	4	0.42	0.517

在变量选择的稳健性检验一结果中，财富预期对农户消费的影响效应为 0.091，并且高度显著，这和前文研究结论基本一致；收入对农户消费的拉动效应为 0.039 2，也通过了显著性检验；资产对消费的影响效应为 0.004，资产的拉动效应显著；家庭规模、教育程度、健康状况和社会网络对农户的影响效应分别为 0.192、0.127、0.206、0.148，并且都通过了显著性检验。

在重新测量财富预期的稳健性检验二结果中，消费信贷对农户消费的财富预期效应为 0.056，并通过 5% 的统计性检验；收入对农户消费的拉动效应为 0.048，也通过了 5% 的显著性检验；资产对消费的影响效应为 0.001，资产的拉动效应并不明显；家庭规模、教育程度、健康状况和社会网络对农户的影响效应分别为 0.094、0.095、0.047、0.127，并且都通过显著性检验。

纵观两种稳健性检验估计结果（见表 4.8），财富预期对农户消费的拉动效应显著，这和前文研究结论相吻合。家庭规模和教育程度对农户消费的影响效应并没有发生明显的变化，综上，本书的研究结论是稳健的和可靠的。

表 4.8　有序模型（OP）参数和半参数估计结果

变量	稳健性检验一				稳健性检验二			
	参数估计		半参数估计		参数估计		半参数估计	
	系数	p 值	系数	p 值	系数	p 值	系数	p 值
家庭收入	0.039***	0.000	0.090***	0.000	0.051***	0.000	0.048**	0.042
财富预期	0.070***	0.000	0.091**	0.021	0.056***	0.003	0.056**	0.043
家庭资产	0.002***	0.001	0.004***	0.000	0.002**	0.024	0.001*	0.076
家庭规模	0.111***	0.000	0.192***	0.000	0.095***	0.000	0.094**	0.034
文化程度	0.098***	0.000	0.127***	0.000	0.100***	0.000	0.095**	0.025
地区	0.026	0.737	0.040	0.724	0.023	0.804	0.022	0.810
健康状况	0.128***	0.000	0.206***	0.000	0.118***	0.002	0.120**	0.047
社会网络	0.130***	0.002	0.148***	0.003	0.133***	0.006	0.127*	0.062
Wald χ^2 值	—		126.92		—		6.30	
P 值	—		0.000		—		0.6140	
似然值	—		−939.519		—		−673.934	
偏度	—		0.352		—		0.299	
峰度	—		2.879		—		3.168	
标准偏差	—		2.065		—		0.975	

④进一步分析。前文验证了消费信贷对农户消费的规模效应，从农户信贷来源看，包括正规金融部门和非正规金融部门，因此有必要进一步探讨正规金融和非正规金融对农户消费的联合效应。考虑到各消费决策变量间的共线性问题，本书在实证分析前进行了相关检验，结果表明各决策变量间并不存在严重共线性①。因此，以前文对消费信贷财富预期测量为前提基础，并且本书继续使用该方法进行实证分析，表 4.9 给出了正规金融部门与非正规金融部门对农户消费的财富与其效应的半参数检验结果。从LR 检验结果看，当 k=3，4 时，扩展逼近模型和普通有序模型之间存在显著差异，因此使用该检验方式具有统计学基础；从（k−1）阶的 LR 检验

---

① 在进行实证分析前，本书对各因素间的共线性进行了检验，结果表明各决策变量间相关系数均低于 0.5，即低于公认的 0.7，可认为共线性对回归分析的影响较弱。

结果看，当k＝4，5时，与k＝3，4时有显著差异，k＝6的半参数结果和k＝5并没有显著差异。综合比较k＝3，4，5时相应的对数似然值，半参数估计模型最优k值取为4。

表4.9　不同k对应的模型的LR检验

k	对数似然值	LR OP)	P值	自由度	LR（k-1）	P值
OP	-941. 512	—	—	—	—	—
3	-939. 296	4. 432	0. 035	1	4. 43	0. 035
4	-934. 199	14. 625	0. 001	2	10. 19	0. 001
5	-938. 610	5. 803	0. 122	3	-8. 82	1. 000
6	-938. 532	5. 960	0. 202	4	0. 16	0. 692

为刻画出消费信贷间（主要为正规金融和非正规金融）的财富预期协同效应，以模型（1）为基准模型，分别将正规金融和非正规金融财富预期纳入模型（2）、模型（3）、模型（4）中，相关检验结果见表4.10。

表4.10　有序模型（OP）参数估计结果

变量	模型（1）	模型（2）	模型（3）	模型（4）
家庭收入	0. 029 *** （0. 000）	0. 026 *** （0. 000）	0. 021 *** （0. 000）	0. 014 ** （0. 020）
财富预期（正）	—	0. 033 ** （0. 043）	—	0. 058 *** （0. 001）
财富预期（非）	—	—	0. 047 *** （0. 000）	0. 061 *** （0. 000）
家庭资产	0. 003 *** （0. 000）	0. 004 *** （0. 000）	0. 003 *** （0. 000）	0. 003 *** （0. 000）
家庭规模	0. 082 *** （0. 000）	0. 084 *** （0. 000）	0. 076 *** （0. 000）	0. 077 *** （0. 000）
文化程度	0. 061 *** （0. 000）	0. 060 *** （0. 000）	0. 064 *** （0. 000）	0. 061 *** （0. 000）
地区	0. 040 （0. 470）	0. 053 （0. 341）	0. 015 （0. 778）	0. 020 （0. 712）
健康状况	0. 094 *** （0. 000）	0. 099 *** （0. 000）	0. 093 *** （0. 000）	0. 101 *** （0. 003）

表4.10(续)

变量	模型（1）	模型（2）	模型（3）	模型（4）
社会网络	0.085 *** （0.001）	0.081 *** （0.002）	0.085 *** （0.001）	0.079 *** （0.000）
Wald χ^2值	172.32	216.07	240.47	265.98
P 值	0.000	0.000	0.000	0.000
对数似然值	−947.151	−945.030	−939.807	−934.199 0!
偏度	−0.226	0.023	−0.414	−0.209
峰度	9.706	8.829	10.401	9.829
标准偏差	1.002	1.078	0.910	0.979

由表4.10可知，与模型（1）相比，模型（2）、模型（3）、模型（4）在分别将财富预期纳入消费函数决策后，其他控制变量如资产、家庭规模等变量对消费的影响大小和统计上的显著性并没有明显的差异性，这说明本书所研究结果的可靠性和稳健的。当然，从结果还可以看出，来源于正规金融部门和非正规金融部门的消费信贷对农户消费均有正向的拉动作用，并且都通过显著性检验，这既是对理论分析的一种支持，同时也验证了研究假设4.1，这说明消费信贷在给消费者提供更多货币财富的同时，消费者还会基于未来预期而形成财富预期，并且这种财富预期对农户消费决策的影响在统计上是显著的。同时还看到，在模型（2）、模型（3）、模型（4）将消费信贷（正规或非正规）纳入分析框架时，家庭消费对收入的敏感度都出现了下降，收入对消费的拉动效应在模型（1）中为0.029，而在模型（2）、模型（3）、模型（4）分别为0.026、0.021、0.014，消费对收入敏感度的下降意味着家庭金融活动为消费支出增添了一种选择，缓解了家庭流动性不足的问题，降低了农户消费对收入的敏感度。同时还看到正规金融和非正规金融在家庭消费决策方面所发挥的协同效应，结果显示，仅将正规金融或非正规金融作为关键变量时，消费信贷财富预期效应分别为0.033和0.047，而如果将二者纳入统一的分析模型时，财富预期对消费的影响效应则提升至0.058和0.061，较模型（1）分别有75.76%和29.79%的提升，从而验证了研究假设4.3。原因在于，单一的金融服务有其缺陷，而多元的金融服务则弥补单一市场发展的不足，从而增加农户获得金融服务的可能性，这说明虽然正规金融或非正规金融均能

缓解借款者流动性不足的问题，促进其消费增加，但只有二者相互补充才能最大化释放出耦合效应，赵晓菊等（2011）也有得出相似的结论。

同时，本书还考察了其他因素对农户消费的影响。家庭收入如经典理论所描述对家庭消费的增加发挥了积极的促进作用。资产的影响效应虽为正但较为微弱，可能是和资产的存在形态有关，家庭资产更多应用于整个生命周期内的消费平滑支出，故拥有较低的消费倾向（李涛 等，2014）。家庭规模、受教育程度、健康状况、社会网络等对家庭消费的影响也都为正[①]。

当然，在前文分析验证了正规金融和非正规金融对农户消费财富预期效应的存在，为观察财富预期对消费的影响作用是否稳健，本书重新计算财富预期。Probit 半参数估计的 LR 检验结果表明（见表 4.11），从 OP 模型 LR 检验结果看，扩展逼近模型和普通有序模型没有明显差异。综上，本书最终使用有序 Probit 进行回归。

表 4.11　不同 k 对应的模型的 LR 检验

k	对数似然值	LR OP）	P 值	自由度	LR （k−1）	P 值
OP	−673.842	—	—	—	—	—
3	−673.346	0.991	0.320	1	0.99	0.320
4	−673.227	1.230	0.541	2	0.24	0.625
5	−672.964	1.754	0.625	3	0.52	0.469
6	−672.767	2.149	0.708	4	0.39	0.530

通过对比发现，表 4.10 和表 4.12 中，正规金融产生的财富预期和非正规金融产生的财富预期均对消费起到促进作用，并且将二者纳入消费决策函数中时，正规金融和非正规金融对消费的财富预期效应均实现了大幅提升。家庭资产、规模和受教育程度对家庭消费影响的方向和统计性指标并没有明显变化，这也从侧面反映出前文实证结果的可靠。

---

① 家庭规模及收入、文化水平等都可能对家庭获取金融支持的可能性造成影响，因此，这些因素通过金融支持从而影响行为主体消费的中介效应有存在的可能。在表 4.10 中，也证实了这种效应的存在。在没有控制心理财富变量的模型（1）中，这些变量的估计系数显著为正。但在分别控制两种心理财富的模型（2）、模型（3）和同时控制的模型（4）中，这些因素的变量估计系数都出现了不同程度的变化，这也验证了存在这种中介效应。

表 4.12 有序模型（OP）参数估计结果

变量	模型（1）	模型（2）	模型（3）	模型（4）
家庭收入	0.073*** (0.000)	0.069*** (0.000)	0.062*** (0.000)	0.051*** (0.000)
财富预期（正）	—	0.032 (0.250)	—	0.061** (0.045)
财富预期（非）	—	—	0.044** (0.014)	0.057*** (0.003)
家庭资产	0.002*** (0.002)	0.002** (0.027)	0.002** (0.025)	0.002** (0.029)
家庭规模	0.097*** (0.000)	0.098*** (0.000)	0.097*** (0.000)	0.098*** (0.000)
文化程度	0.101*** (0.000)	0.098*** (0.000)	0.105*** (0.000)	0.100*** (0.000)
地区	0.024 (0.794)	0.034 (0.720)	0.016 (0.863)	0.032 (0.731)
健康状况	0.119*** (0.002)	0.119*** (0.002)	0.116*** (0.002)	0.117*** (0.002)
社会网络	0.141*** (0.004)	0.139*** (0.004)	0.136*** (0.005)	0.131*** (0.007)

4.1.2 财富预期影响农户消费的结构分析

前文从消费规模上验证了财富预期对农户消费行为影响效应的存在，即财富预期正向促进了农户消费规模的增加，也验证了正规金融和非正规金融对农户消费的财富预期效应具有协同性，但却都没反映消费信贷对农户消费的财富预期在不同消费内容上是否有影响。财富预期对农户消费在不同消费层次上是否具有异质性，这对于优化经济发展结构、提高农户消费质量意义明显。因此，有必要在对消费规模进行分析基础上，继续从结构视角出发，讨论财富预期对不同消费内容的影响是否存在异质性。

4.1.2.1 问题提出

在政策及市场双重因素驱动下，农村金融市场虽然发展十分迅速，并取得了不错的成绩，但农村信用体系的缺失与不完善，信息不对称及相关制度建设落后导致农村地区存在严重的消费信贷约束，直接经济后果是制约了农户收入尤其是潜在收入效益的增加，从而对农户消费增加产生消极影响，进而抑制了消费升级。农户很难获得信贷资源，可以在某种程度上说金融资源的匮乏制约农户生产以及收入的增长（Petrick，2005）。不仅如此，信贷约束不单单影响消费支出规模，农村金融服务供给长期不足抑制了农户的福利增加，对其消费结构的优化存在较大影响（邱黎源和胡小平，2018）。当农户家庭面临信贷约束时，在自有资金一定的前提下，为维持基本的生活不得不在其他需求上减少开支。更为重要的是，信贷约束引致预防性储蓄①，进一步加剧农村消费市场疲软。经验表明，通过向农户提供信贷服务可以有效缓解消费者的流动性约束，降低预防性储蓄情绪，最终带动消费增加以及消费层次的提升。这是因为，农户决策者在面临流动性约束时，通常会调整消费的优先次序，尽量满足必需型消费，然后才是改善型消费。面临预算约束时，由于生存型消费的弹性要低于改善型消费，因此，信贷约束不仅会减少农户总支出，同时还会减少改善型消费，影响到消费升级。

对于农户而言，在面临某种消费支出而自有资金又无法支持当前开支需求时，农户决策者会向金融市场寻求帮助，但根据相关理论，消费信贷可以满足借款者的资金需求，收入在不同支出内容上有不同的弹性，消费信贷作为未来收入的前置。在获得消费信贷支持及形成财富预期后，农户决策者在各种不同消费内容上如何配置有限的消费资源，财富预期在衣、食、住等生存型支出和医疗教育等改善型支出上又会呈现什么特征？因此，有必要在研究消费信贷对农户消费的规模效应的基础上，进一步探讨消费信贷对农户不同类型消费的财富预期效应。

4.1.2.2　研究假设

心理账户构建过程包括对经济行为的编辑、分类等，决策者会根据不同的财富来源所引发的不同情绪对财富进行编辑、分类，并贴上情绪标签，然后根据不同的情绪进行消费行为（Levav 和 McGraw，2009）。获得意外之财时，若贴上的是积极情绪的标签，消费者则会选择享乐消费；反之，若贴上的是消极情绪的标签，消费者则会表现出享乐规避的行为（Okada，2005；李爱梅 等，2014）。金融借贷作为一种未来财富来源，进行跨期配置可以有效帮助农户实现提前消费，农户有可能会产生积极乐观

---

① Leland 和 Hayne（1978）认为预防性储蓄是风险厌恶型消费者为了应对未来收入的不确定性所进行的额外储蓄。

情绪，也可能会产生消极悲观情绪，这取决于对财富的认知差异。正规金融借款需要向金融机构付出高昂的利息成本，非正规金融借款则要支付高昂的人情等成本，农户在使用这些财富进行享乐消费时会存在不踏实感或内疚感。更为重要的是，借款者认为消费信贷增添了额外债务，因此对消费信贷的认知是消极的，消极的情绪会减少消费者的享乐性消费，而选择把财富用在日常开支、生活必需品等实用消费上。况且，外部借钱进行享受型消费也不符合我国勤俭节约的传统消费习惯，花钱要花在刀刃上。

此外，行为经济学研究表明，消费者并非完全理性，他们在决策过程中容易受到信息、情感等因素影响形成认知偏误，从而对决策行为产生影响。从表面上看，消费信贷来源较为容易获取，但从本质上看，消费信贷并不从属于意外横财，只是自己未来财富的跨期配置，实质上还是属于自己的财富。更为重要的是，对消费信贷的不同认知必然会引发不同的市场反应，这是因为由认知偏差导致决策差异可知，农户对消费信贷形成不同的认知进而分化为不同的认知群体。当借款者把消费信贷描述为消极的债务认知时，意味着在自身流动性不足时又要背负债务而维持基本需求，使本已不佳的财务状况进一步恶化，这势必会对消费决策带来消极影响。同时，债务认知让借款者更多地联想到债务罚息、信誉损失、心理焦虑等不利后果。适应性预期理论也表明，一旦对未来形成悲观预期，消费者必然会压缩自己的支出以适应环境的变化。当把消费信贷描述为积极的财富认知时，表明借款者自身经济收入稳定且对未来偿债信心十足，在出现暂时的资金缺口时，效用最大化原则下会积极寻求流动性支持。当把消费信贷看成是消极的债务认知时，借款者的消费意愿不足；反之，当将其看成是财富认知时，消费意愿则较为明显。但不管是债务认知还是财富认知，农户的消费行为都会受到传统消费观的影响，在消费项目的选择上都会表现出一定的倾向性。之所以会出现上述现象，是因为传统消费观提倡一种节俭、理性的生活态度和合理规划生活的聪明的决策。家庭合理的消费规划能够避免家庭陷入经济困境，所以家庭成员在消费时更愿意选择维持基本生存需要的消费计划，而不愿意冒着风险去实施提升生活水平的消费行为（戴素芳，2007）。消费信贷也遵循同样的原理，正规金融借款意味着人们需要向金融机构限期偿还高昂的利息成本，而非正规金融借款需要人情成本的付出以及牺牲借款者的消费效用，因此当消费者把财富用于享乐型消费时，就会产生不踏实感或内疚感（Fishbach，2003）。作为反馈机制，这种不踏实感及与之相关的消极情绪将会减少家庭的享乐型消费，从而更多地将预算资源运用到生活必需品等实用型消费上去。据此提出假设。

假设4.4 财富预期会对农户消费产生积极效应，且财富预期对不同层次消费的影响存在异质性，对生存型消费的影响效应大于改善型消费。

4.1.2.3 实证分析

前文考察了财富预期对生活消费支出水平的影响，为了进一步验证财富预期对消费结构的不同影响，将不同层次的消费作为被解释变量进行实证分析。同前文一样，本书继续使用 Probit 估计方法进行实证分析。各消费层次参数和半参数检验结果（见表4.13）总体表明，半参数估计优于参数估计，具体见表4.13。

表 4.13　不同 k 对应的模型的 LR 检验

	k	对数似然值	LR OP）	P 值	自由度	LR（k-1）	P 值
生存型消费	OP	-977.449	—	—	—	—	—
	3	-965.258	4.472	0.034	1	9.89	0.000
	4	-965.256	4.477	0.107	2	0.00	0.947
	5	-954.324	26.341	0.000	3	21.86	0.000
	6	-954.265	26.458	0.000	4	0.12	0.732
改善型消费	OP	-970.221	—	—	—	—	—
	3	-968.496	3.449	0.063	1	10.27	0.000
	4	-967.206	6.030	0.049	2	2.58	0.108
	5	-961.416	17.611	0.001	3	11.58	0.001
	6	-966.209	8.024	0.091	4	-9.59	1.000

在生存型消费中：从模型的 LR（OP）检验结果可以看到，当 k=3，5，6 时，扩展逼近模型与普通有序模型存在显著差异，证明了半参数检验的合理性；从 LR 检验的（k-1）阶结果来看，当 k=3，5 时，半参数估计的检验结果与 k=2，4 估计结果显著不同，k=4，6 的半参数结果和 k=3，5 并没有显著差异。综合比较，半参数估计模型最优 k 值取为6。

在改善型消费中：从模型的 LR（OP）检验结果可以看到，当 k=3，4，5，6 时，扩展逼近模型与普通有序模型存在显著差异，证明了半参数检验的合理性；从 LR 检验的（k-1）阶结果来看，当 k=3，5 时，半参数估计的检验结果与 k=2，4 估计结果显著不同；k=5 的结果和 k=4 的结果有明显的差异；k=6 的半参数结果和 k=5 没有明显差异。综合比较相应的对数似然值，半参数估计模型最优 k 值取为 5。

综上，本书使用半参数对各消费层次进行实证分析，k 值的最优选择分别为 6 和 5。结果如表 4.14 所示：

表 4.14　各消费层次半参数估计结果

解释变量	生存型		改善型	
	系数	P 值	系数	P 值
家庭收入	0.059 ***	0.000	0.102 ***	0.000
财富预期	0.089 ***	0.001	0.020	0.586
家庭资产	0.005 ***	0.000	0.000 **	0.047
家庭规模	0.125 ***	0.000	0.192 ***	0.000
文化程度	0.036 *	0.084	0.136 ***	0.000
地区	0.096	0.291	0.020	0.850
健康状况	0.172 ***	0.000	0.171 ***	0.000
社会网络	0.106 ***	0.006	0.051	0.297
Wald χ^2 值	178.84		150.83	
P 值	0.000		0.000	
对数似然值	-954.265		-961.416	
偏度	-0.013		0.375	
峰度	1.912		2.752	
标准偏差	2.463		2.084	

消费信贷的财富预期作用除了有助于增加家庭消费，还对不同消费层次有异质性作用，有助于促进家庭消费升级。具体来说，财富预期作用促使生存型、改善型消费增加的可能性上表现出阶梯式分布的特点（0.089、0.020），从而证明了研究假设 4.4。这说明使用不同性质的财富时消费者会遵循一定的通俗准则，当消费者违背了此类消费准则时，会产生不踏实感甚至是内疚感等消极的情绪（Marsha 和 Richins，1997）。但进一步考虑情绪效应时发现，若消费者将财富的来源和低落的情绪联系起来，会激发更多的内疚感（姚卿 等，2013）。甚至，当存在预算约束时，选择消费享

乐品而不是实用品时（Lascu，1991），也会产生一定的内疚情绪（Kivetz和Simonson，2002；姚卿 等，2013）。所以，负面的情绪标签一旦被贴在财富预期上后，消费者一开始在消费时就会表现出特定的消费倾向，即把钱用于实用品而非享乐品的消费上。农户对消费信贷的认知较为悲观，或者认为消费信贷需要付出高利息或者牺牲亲友的效用时，进行财富使用时就会产生负面情绪，从而产生有差异的消费倾向。消费的顺序从前到后表现为：生存型消费、发展型消费、享受型消费。总之，经验分析由于根植于真实的现实世界，故其研究结论更贴近于经济现象的客观描述，更能精准捕捉农户在不同认知下的决策轨迹，从而能真正刻画消费信贷与农户消费之间的现实关联。

一般来说，发展型支出与大额刚性类的生存型支出（婚嫁、置家、子女教育等）对收入的敏感度较高，也就是说，此类消费所面临的预算约束较大；而享受型支出的占比较小，对收入变化的敏感度较之更低。同时还表明，将支出划分为不同心理账户的安排可以有效防止对非必需型物品过度消费，这是心理账户防止过度消费的一种心理承诺机制（Thaler，1985）。家庭资产虽然没有抑制家庭消费支出，但影响程度较弱。另外，本书也考察了其他因素对家庭消费支出的影响。伴随着家庭规模增加，各层次消费支出增加的可能性依次为 0.125、0.192，这说明家庭人口规模的增加也会带动家庭消费的增加。家庭受教育水平也对家庭消费发挥着重要的作用，拉动效应在改善型支出上表现得更为明显。此外，健康状况和社会网络也都对家庭消费起到不同程度的作用。

前文验证了消费信贷对农户不同消费内容影响效应的存在，即财富预期对生存型消费、改善型消费均产生了积极的促进作用。然而这一结论是否可靠可能受到样本及变量选择的影响。因此，作为对这一实证结果的验证，前文使用前期收入增长率作为预期收入负债比，作为对前文结果的稳健性检验，本书以 2010—2014 年平均增长率重新计算财富预期，重新来检验消费信贷对生存型消费、改善型消费的影响效应是否稳健。从参数和半参数检验结果可看出（见表 4.15），在生存型支出中半参数无显著异于参数估计，并且综合比较，k 值分别取 6；而在改善型支出中，半参数估计和参数估计并未表现出明显的差异性，最后 k 值选取 2。

表 4.15　不同 k 对应的模型的 LR 检验

	k	对数似然值	LR OP)	P 值	自由度	LR (k-1)	P 值
生存型消费	OP	−695.075	—	—			
	3	−694.134	1.881	0.170	1	9.89	0.000
	4	−692.717	4.716	0.095	2	2.84	0.092
	5	−692.469	5.211	0.157	3	0.50	0.482
	6	−685.819	18.512	0.001	4	13.30	0.000
改善型消费	OP	−690.731	—	—	—		
	3	−690.701	0.060	0.806	1	0.060	0.806
	4	−689.445	2.572	0.276	2	2.51	0.113
	5	−689.328	2.806	0.423	3	0.23	0.629
	6	−688.749	3.965	0.411	4	1.16	0.282

稳健性检验结果表明（见表 4.16），财富预期对生存型消费、改善型消费的影响系数分别为 0.080、0.042，并且都通过 5% 的统计性检验，也呈现递减分布特征；收入对消费的影响效应分别为 0.065、0.029，也都通过显著性检验；资产对消费的拉动作用也都通过显著性检验，但影响效应较弱分别为 0.002、0.001；家庭规模对消费的影响分别为 0.095、0.060，也都通过显著性检验；教育文化对消费的影响效应分别为 0.021、0.129，对改善型的促进效应要明显高于生存型消费。再比较财富预期、收入和财产的影响效应大小可得，收入和资产对消费的促进作用低于财富预期，这与前文（见表 4.14）的结论一致。总体说明本书实证分析的可靠性和稳健性。

表 4.16　稳健性检验结果

解释变量	生存型		改善型	
	系数	P 值	系数	P 值
家庭收入	0.065***	0.000	0.029**	0.026
财富预期	0.080***	0.003	0.042**	0.020
家庭资产	0.002***	0.000	0.001	0.136
家庭规模	0.095***	0.000	0.060**	0.014

解释变量	生存型		改善型	
	系数	P 值	系数	P 值
文化程度	0.021	0.400	0.129***	0.000
地区	0.206**	0.046	0.022	0.809
健康状况	0.136***	0.003	0.165***	0.000
社会网络	0.130***	0.019	0.045	0.352

4.1.3 主要结论

前文阐述了消费信贷财富预期的产生过程及财富预期如何影响农户消费决策，本节以 2014 年 CFPS 数据验证了消费信贷财富预期效应的存在。具体如下：

规模上：消费信贷对农户消费规模产生了积极的财富预期效应，即对消费者的消费支出有积极的促进作用。经验分析表明，消费信贷对农户消费表现出了积极的拉动作用，既是对前文理论分析的回应，也验证了研究假设的正确性。进一步根据银行农户借款来源方式和消费内容不同，将结构按两种方式进行划分：一是将金融借款划分为正规金融和非正规金融，研究发现了正规金融和非正规金融对农户消费财富预期效应的协同效应。通过将农户借款细分为银行、信用社等正规金融部门和亲友好友、民间借款等非正规金融部门，进一步考察正规金融部门和非正规金融部门借款对农户消费的财富预期效应。研究发现，两者均有利于促进农户消费增加，并且形成协同作用提高了农户融资需求的可获得性，正规金融和非正规金融借款对农户消费的财富预期效应均发挥了最大效应。

结构上：将消费内容分为生存型消费、改善型消费。消费信贷对农户消费的财富预期效应在结构上表现出明显的异质性，消费信贷对衣食等生存型消费的影响效应要高于医疗教育等改善型消费，这说明农户在获得消费信贷过程中，通过财富预期会影响到农户决策者对预算资源的配置方向和内容。

4.2 财富预期影响农户消费的静态与动态分析

4.2.1 财富预期影响农户消费的静态分析①

4.2.1.1 数据选取

前文从规模与结构视角探讨了消费信贷对农户消费的影响效应，但未探讨消费信贷在时间维度上是否对农户消费有影响效应，因此有进一步研究的必要。为验证前文结果的可靠性及考虑到结果的可比性，本书在CFPS中分别选取2012年、2014年、2016年、2018年数据来探讨消费信贷的财富预期效应。在影响因素方面，仅选取家庭收入、家庭资产和家庭规模来探讨消费信贷对农户消费的财富预期效应。在样本选取方面，除了删除缺失值或变量不完整、0借款额的样本外，还剔除收入、消费和资产低于0.1万元的家庭，2012年、2014年、2016年、2018年分别选择1 028、996、1 050、1 376份有效样本。在借款利率方面，由于农村金融服务主体既有传统金融机构，也有新型金融机构，且各金融机构的涉农贷款利率没有统一的参考标准。据相关规定可知，农村信用社的贷款利率下限和最大上浮系数分别为基准利率的90%和2.3倍，因此，本书统一设定为基准利率的1.6倍，由于利率的动态变化，故以利率持续时间作为权重加权得到2012年、2016年、2018年信贷利率分别为0.103、0.070、0.070②，最后选择同样的财富预期量化方法计算得出相应年份的财富预期值。2012年、2014年、2016年、2018年的描述性分析见表4.17。

表4.17 变量的描述性统计

分类	单位	2012		2014		2016		2018	
		均值	标准差	均值	标准差	均值	标准差	均值	标准差
家庭消费	万元	4.097	3.904	4.551	4.329	8.455	12.461	6.468	8.338
家庭收入	万元	4.337	4.382	4.416	4.526	5.397	9.134	6.795	9.079
财富预期	万元	1.953	2.759	2.302	2.547	2.901	4.243	3.665	5.137

---

① 本书的静态分析从更宽的时间维度来验证消费信贷对农户消费的财富预期效应，仅仅是对前文的稳健性检验，因此，对此部分的分析仅介绍结果，不再做稳健性检验。

② 2018年加权利率具体为0.069 6，为保持数据的一致性，最后四舍五入为0.070。

表4.17(续)

分类	单位	2012		2014		2016		2018	
		均值	标准差	均值	标准差	均值	标准差	均值	标准差
消费信贷	万元	3.936	9.315	4.800	11.524	5.941	10.960	6.800	11.811
家庭资产	万元	1.876	8.080	32.901	357.683	38.781	436.621	24.610	63.038
家庭规模	人	4.667	1.746	4.520	1.761	3.743	1.773	4.390	1.948
样本数		1 028		996		1 050		1 376	

从表4.17可看出，农户家庭消费支出在考察期内呈现逐年增加趋势，农户消费支出分别为4.097万元、4.551万元、8.455万元、6.468万元。借贷的财富预期值不断增加，分别为1.953万元、2.302万元、2.901万元、3.665万元。收入的增长态势也非常明显，分别为4.337万元、4.416万元、5.397、6.795万元。然而和支出的快速增长相比，收入为主的自有资金支持在2010年和2012年都能满足其消费需求，但到2014年和2018年却无法支持其消费，并出现入不敷出的经济状况，因此，农户有较强的现实融资需求。

4.2.1.2 实证分析

LR检验结果表明（如表4.18所示）：从2012年、2014年、2016年、2018年参数和半参数检验结果看，2014年、2016年2018年的半参数估计显著异于参数估计，而2012年的半参数估计结果和参数估计结果并没有明显的差异性，因此2012年半参数估计结果选择为3，综合比较，2012年、2014年、2016年和2018年k值最后分别为3、5、6和6。

表4.18 不同k对应的模型的LR检验

年份	k	对数似然值	LR OP)	P值	自由度	LR (k-1)	P值
	OP	−945.311	—	—	—	—	—
	3	−944.661	1.301	0.254	1	1.30	0.254
2012	4	−943.497	3.628	0.163	2	2.33	0.127
	5	−943.047	4.527	0.210	3	0.90	0.343
	6	−943.047	4.528	0.339	4	0.00	0.976

表4.18(续)

年份	k	对数似然值	LR OP)	P值	自由度	LR (k-1)	P值
2014	OP	−880.093	—	—	—	—	—
	3	−878.913	2.358	0.125	1	1.97	0.160
	4	−877.374	5.437	0.066	2	3.08	0.079
	5	−870.491	19.202	0.000	3	13.77	0.000
	6	−872.366	15.453	0.004	4	−3.75	1.000
2016	OP	−863.923	—	—	—	—	—
	3	−862.068	3.710	0.054	1	3.71	0.054
	4	−860.641	6.565	0.038	2	2.86	0.091
	5	−856.099	15.648	0.001	3	9.08	0.003
	6	−854.176	19.494	0.001	4	3.85	0.050
2018	OP	−1 170.904	—	—	—	—	—
	3	−1 165.184	11.439	0.001	1	11.44	0.001
	4	−1 156.579	28.650	0.000	2	17.21	0.000
	5	−1 155.876	30.056	0.000	3	1.41	0.236
	6	−1 138.113	65.581	0.000	4	35.53	0.000

注：OP 模型 LR 检验的原假设是 k=2［有序 Probit 模型（OP）］，备择假设分别是 k=3，4，5 阶扩展模型。后两列 LR 检验的原假设是（k−1）阶扩展模型，备择假设是 k 阶扩展模型，检验的自由度都为 1。下同。

为和参数估计结果有直观的比较，参数估计结果和半参数估计结果同时列于表 4.19。通过结果可看出，k 选取为 2 时的参数估计结果和 k 选取为 3 的半参数估计结果在影响方向的显著性水平上并无明显差异，某种程度上可认为，k 这两种取值在估计结果上表现出一致性，但当 k=5 时，结果却出现明显变化。半参数结果表明，农户在获得金融服务后，财富预期使得其扩大了消费支出，消费信贷表现出正向积极的财富预期效益，这一结果与理论分析表现出一致性，验证了假设 4.2。实证结果表明，借款者通过财富预期影响到其消费决策，财富预期的影响效应为正，意味着随着财富预期规模的增加，农户消费支出可能也会随之增加。财富预期规模的增加，也是未来违约风险或者无能力还款风险的降低，风险一旦得到释放，农户的消费欲望会释放出来。同时还看到，收入在家庭消费方面的影响也是积极的，家庭收入的增加对消费有促进作用（符合经典消费理论）。但是，由半参数的估计结果可知，在引入财富预期变量之后，收入显著促使消费增加的概率从 0.070 提高到 0.082，家庭消费支出对收入的拉动效应大幅提高了 17.143%，说明通过消费信贷的财富预期效应弱化了预算和流动性约束对行为决策的消极影响，提高了收入与信贷的协同效应。家庭总资产对家庭消费的影响比较小，原因可能是家庭资产作为一种存量型的财富，其对家庭消费的影响将在家庭整个生命周期内进行平滑，使用家庭资产进行消费的倾向不高（李涛 等，2014）。同时还表明，固定收入账户的消费效应要小于临时收入账户。此外，在估计结果中，本书也注意到家庭规模对消费支出的显著影响。家庭规模对家庭消费支出有正向影响，且影响的大小为 0.264，意味着家庭规模每增加 1 个单位，家庭消费支出增加的可能性为 0.264。地区因素则对家庭消费的影响为 0.158，但未通过显著性检验。

表 4.19　各年度半参数估计结果

解释变量	2012		2014		2016		2018	
	参数	半参数	参数	半参数	参数	半参数	参数	半参数
收入	0.034 ***	0.025 **	0.030 ***	0.082 ***	0.053 ***	0.112 ***	0.026 ***	0.048 ***
	0.001	0.027	0.006	0.000	0.000	0.000	0.000	0.000
财富预期	0.041 **	0.042 **	0.090 ***	0.203 ***	0.100 ***	0.111 ***	0.063 ***	0.057 ***
	0.015	0.013	0.000	0.000	0.000	0.000	0.000	0.000
家庭资产	0.000	0.000	0.002 ***	0.004 ***	0.000	0.000	0.003 ***	0.004 ***
	0.974	0.933	0.002	0.000	0.369	0.568	0.000	0.000
家庭规模	0.069 ***	0.065 ***	0.112 ***	0.264 ***	0.168 ***	0.152 ***	0.121 ***	0.109 ***
	0.001	0.003	0.000	0.000	0.000	0.000	0.000	0.000
地区	0.171 **	0.154 **	−0.009	0.158	−0.1	−0.172 *	0.096	0.025
	0.026	0.038	0.915	0.343	0.235	0.08	0.192	0.658
Wald X^2值	17.71		219.08		64		138.1	
P 值	0		0		0		0	
似然值	−944.661		−870.491		−854.176		−1 138.113	
偏度	0.394		0.241		−0.4		−0.204	
峰度	4.084		2.271		2.089		2.33	
标准偏差	0.924		2.455		2.348		1.879	

4.2.2　财富预期影响农户消费的动态分析[①]

前文从静态验证了财富预期对农户消费行为影响效应的存在，即财富预期正向促进了农户消费支出，但随着经济环境尤其金融环境的改变，消费者财富预期必然会做相应的动态调整。其对农户消费的影响效应又会呈现何种变化，前文静态视角下的实证分析没有也不能给出答案，因此，有必要在对静态分析基础上，进一步从动态来探讨财富预期对农户消费的影响效应是否存在以及其变动趋势。

4.2.1.1　问题提出

经济新常态下，我国经济发展已由高速增长调整为中高速增长，经济发展速度换档的直接后果之一是影响农户的经济收入。农户不得不面对未来收入增长更多的不确定性，无论是从理论上还是实践中看，农户收入水平决定着其消费支出规模，并会进一步传导到其他领域。因此，当面临收入不确定时，农户在进行消费决策时会更加谨慎，从而降低了消费决策效应，增加了缩小开支的可能性。特别是在经济新常态下，随着经济发展环境的波动，农户收入水平也会带来动荡与不确定性，这必然会引起消费者不良反应。同时，随着国家对于农村金融发展各种限制性条件逐渐消除，特别是党的十八大以后，中央政策精神反复提及要支持金融机构扩展普惠金融业务，引导更多资源向"三农"和贫困地区等基层倾斜。农村金融的快速发展，带来了融资成本的降低。通过向农村倾斜而实施的差异化的货币信贷政策，降低涉农金融机构的存款准备金率以及涉农机构较低的利率政策。更为重要的是，金融供给主体的增多，传统上的农村信用社一家独大的局面正逐步改善，更多金融部门向农村基层倾斜，不仅有正规金融部门如农业银行、邮政储蓄银行在农村市场的积极布局，还有村镇银行、小额信贷公司等非正规金融部门也在积极开拓农村金融市场。除了正规金融外，随着农户收入水平的增加，亲友等非正规金融可向农户提供更多的信贷支持。

一方面，随着经济环境变化，农户家庭收入更具有不稳定性，影响到未来的经济清偿能力；另一方面，随着金融供给主体的增加，融资可能性和融资成本都会明显优化，农户在获得消费信贷后，其产生的财富预期在

[①] 本书的静态分析从更宽的时间维度来验证消费信贷对农户消费的财富预期效应，仅仅是对前文的稳健性检验，因此，对此部分的分析仅介绍结果，不再做稳健性检验。

时间动态维度上是如何影响农户消费决策。

4.2.1.2 实证分析

前文从静态上探讨了消费信贷对农户消费的财富预期效应，结果表明，无论是 2012 年抑或是 2014 年、2016 年、2018 年，消费信贷均对农户消费产生了积极的财富预期效应。但诚如问题所指出，随着我国金融环境的不断完善，农户的借款成本也在不断下降，特别是随着收入的增长，农户对消费信贷的需求也在不断增加，那么从动态上看，消费信贷是否还具有积极的财富预期效应需要进一步的动态分析。沿袭前文各年度数据，构建一个动态面板数据，数据的描述性分析见表 4.20。显然，从动态描述中可看到，家庭收入为 5.365 万元，而家庭支出为 5.96 万元，农户家庭收入不足以维持家庭支出，需要从金融市场获得相应信贷支持。

表 4.20　2012—2018 年样本统计性描述

变量	单位	均值	标准差	最小值	最大值
家庭支出	万元	5.960	8.283	0.130	183.140
家庭收入	万元	5.365	7.432	0.100	200.000
财富预期	万元	2.784	4.008	−25.726	96.235
家庭资产	万元	24.557	273.838	0.100	10 000.200
家庭规模	人	4.330	1.852	1.000	16.000
消费信贷	万元	5.488	11.064	0.100	300.000

注：观测值为 4 450 个，其中，2012 年、2014 年、2016 年、2018 年样本数分别为 1 028、996、1 050、1 376 个。

为比较分析，同时说明半参数估计和参数估计结果的差异性，证明使用半参数估计的科学性和合理性，表 4.21 同时报告了各年度的参数估计以及半参数估计结果。从表 4.21 可看出，虽然参数估计和半参数估计结果在影响方向的显著性并无大的差别，但在影响效应上却差异明显，说明使用半参数估计较为合理，具有统计基础。从参数和半参数检验结果看（见表4.21），LR 检验结果均表明，半参数估计结果显著异于参数检验结果，从 LR（k−1）结果看，k 取 4 和 6 时，分别异于 k 取 3 和 5 时，综合比较 k 取 4 和 6 的结果，最终最优 k 值选取为 6。

表 4.21　不同 k 对应的模型的 LR 检验（动态非追踪）

k	对数似然值	LR OP）	P 值	自由度	LR（k-1）	P 值
OP	−3 898.647	—	—	—	—	—
3	−3 897.742	23.703	0.000	1	23.70	0.000
4	−3 888.469	42.249	0.000	2	18.55	0.000
5	−3 888.009	43.170	0.000	3	0.92	0.337
6	−3 872.643	73.903	0.000	4	30.73	0.000

从参数和半参数检验结果看（见表 4.22），财富预期对农户家庭消费的影响效应分别为 0.070 和 0.073，并且都通过显著性检验，这说明无论是从静态看还是从动态看，消费信贷对农户消费均产生了积极的财富预期效应，和前文研究结论相一致，也再次验证了研究假设 4.2。从更广的时间维度看，消费信贷对农户消费的财富预期效应不会随着时间的推移而消失。但比较财富预期规模（2.784 万元）和消费信贷规模（5.488 万元）可知，农户在获得消费信贷支持后，对未来消费信贷的财富预期仅为实际信贷资金的 50.73%，说明农户对未来经济环境尤其未来有无还款能力持悲观态度，消费信贷对农户消费的积极效应有待进一步释放。家庭收入对农户消费的拉动效应分别为 0.033 和 0.054，并且都通过显著性检验，这和传统经典理论相一致，家庭收入构成农户消费的重要物质基础，这在某种程度上看，直接决定着农户的消费决策。家庭资产对农户消费影响效应都为 0.000，这和前文分析相一致，说明家庭资产作为家庭消费的缓冲，由于流动性及变现等影响，家庭资产对农户消费的象征意义大于现实意义，支撑农户消费的仍然是现金、消费信贷等流动性强、能为农户直接提供消费预期支持的因素。家庭规模对农户消费的影响效应分别为 0.112 和 0.117，并且都在 1% 水平下通过统计性检验，这说明作为家庭人口学特征的重要组成部分，家庭规模的大小和农户消费支出呈正相关。地区因素对农户消费的影响效应为 0.022，说明我国农村社会消费存在地区差异，东部地区要高于中西部地区。

表 4.22　参数和半参数估计结果（动态非追踪）

变量	参数	P 值	半参数	P 值
家庭收入	0.033 ***	0.000	0.054 ***	0.000

变量	参数	P 值	半参数	P 值
财富预期	0.070 ***	0.000	0.073 ***	0.000
家庭资产	0.000	0.134	0.000 ***	0.000
家庭规模	0.112 ***	0.000	0.117 ***	0.000
地区	0.066 *	0.091	0.022	0.547
Wald	—	—	292.590	—
P 值	—	—	0.000	—
似然值	—	—	−3 872.643	—
偏度	—	—	−0.258	—
峰度	—	—	2.252	—
标准偏差	—	—	2.120	—

前文从动态上探讨了消费信贷对农户消费的财富预期效应，结果表明，无论是静态还是动态，消费信贷产生的财富预期均对农户消费有积极的促进作用，这和前文规模与结构分析基本保持一致。结果的稳健性需要进一步检验，重新选择样本，使用动态追踪面板数据。前文使用的动态分析仅是不同年份的面板，而非追踪面板，因此，作为对前文动态分析的稳健性检验，本书继续使用 2012 年、2014 年、2016 年、2018 年的追踪数据来考察消费信贷的财富预期效应。通过动态追踪数据，最终选择样本数为 176 人，从追踪数据的描述性分析来看（见表 4.23），农户平均消费支出为 5.391 万元，平均家庭收入为 5.621 万元，消费信贷的平均财富预期为 3.064 万元，平均家庭资产为 12.570 万元，平均农户人口规模为 4.634 人。

表 4.23　动态追踪数据的描述性统计（观测值：176）

变量	单位	均值	标准差	最小值	最大值
家庭消费	万元	5.391	6.514	0.298	72.150
家庭收入	万元	5.621	5.458	0.170	31.204
财富预期	万元	3.064	3.037	−0.256	21.130
家庭资产	万元	12.570	14.431	0.100	80.500
家庭规模	人	4.364	1.777	1	9

从参数和半参数检验（LR）结果看（见表4.24），从LR（OP）检验结果看，k取3、4、6时半参数估计结果显著异于参数估计，因此本书使用半参数方法来探讨消费信贷对农户消费的财富预期效应。从LR（k-1）检验结果看，k取4和6分别异于k取3和5，而k=5时的半参数估计结果和k=4时并没有显著的差异，因此，最后k的最优值选为6。

表4.24　不同k对应的模型的LR检验（动态追踪）

k	对数似然值	LR OP)	P值	自由度	LR（k-1）	P值
OP	-149.731	—	—	—	—	—
3	-148.040	3.382	0.066	1	3.38	0.066
4	-145.927	7.608	0.022	2	4.23	0.040
5	-147.961	3.539	0.316	3	-4.07	1.000
6	-144.697	10.067	0.039	4	6.53	0.011

从参数和半参数估计结果看（见表4.25），消费信贷对农户消费的财富预期效应虽未通过显著性检验，但消费信贷的财富预期效应仍表现积极，这和前文结论基本一致，再次验证了研究假设4.2。家庭收入对农户消费的拉动效应为0.082，并且通过1%的显著性检验。

表4.25　半参数估计结果（动态追踪）

变量	系数	标准误差	z	p	95% Conf.	Interval
家庭收入	0.082 ***	0.024	3.380	0.001	0.035	0.130
财富预期	0.064	0.054	1.190	0.236	-0.042	0.171
家庭资产						
家庭规模			控制			
地区						

4.2.3　主要结论

前文从规模和结构验证了消费信贷影响农户消费的财富预期效应，从时间维度看，前文主要是静态地反映消费信贷的财富预期效应，本节主要从动态上验证消费信贷对农户消费的影响效应，主要研究表现为：

静态上：财富预期的变动方向和农户消费支出表现出同方向变动，即消费信贷产生财富预期，而财富预期和农户消费呈正相关关系。传统研究聚焦于消费信贷的真实财富效应研究，而忽略了借款者内心活动形成财富预期及其对农户消费的影响。消费者通过心理账户形成未来财富预期进而形成财富预期，财富预期主要通过沉没成本效应和参照点效应来影响消费者购物选择。以 2014 年家庭追踪调查数据进行实证分析结果均表明，消费信贷促使财富预期的产生，财富预期的存在刺激了农户消费支出。

动态上：消费信贷的财富预期对农户消费的刺激效应不仅在静态上，在时间维度的动态上的财富预期效应同样明显。在 2012 年、2014 年、2016 年、2018 年，消费信贷财富预期对农户消费的积极效应在时间维度上也表现得十分明显。经验分析表明，在 2012 年、2014 年、2016 年、2018 年消费信贷对农户消费都起到显著的促进作用。无论是静态的面板还是动态追踪面板，消费信贷均对农户消费有积极的财富预期效应。

4.3 本章小结

前文介绍了消费信贷影响行为农户消费的理论逻辑，本章主要从实证上验证消费信贷对农户消费的影响效应的存在，为验证消费信贷的财富预期效应的存在奠定微观基础。通过使用家庭追踪调查数据（CFPS）的农村家庭样本，根据统计研究需求选取有效样本，选择若干控制变量并运用 Probit 半参数估计方法实证验证消费信贷对农户消费的影响效应的存在，本章的主要研究表现为：

（1）在金融活动过程中，农户借款者会因未来不确定性而产生财富预期，对消费信贷的财富价值重新审视，对消费信贷未来财富的估价过程表征了农户对未来风险的考量。显然，农户借款者对消费信贷财富预期结果的大小直接反映了农户未来可预期到的违约风险大小，这反过来又会传导至农户消费决策的制定。可以说，农户的消费行为表现出一定的非理性偏向，即是说，农户在获得消费信贷支持后，并没有表现出传统经济学所设定的消费决策轨迹，对于消费信贷而言，农户在获得信贷资金后并没有完全花掉，相反消费开支的大小取决于农户未来的预期的好坏，即是说消费信贷的资源配置并没有实现最佳配置，消费信贷对农户消费的功能效应并没得到充分释放。

（2）无论是从消费规模还是消费结构，无论是从静态还是动态上看，消费信贷均对农户消费都有积极的财富预期效应，本章所验证的消费信贷的财富预期效应仅仅是从总体效应考虑，而对于消费信贷的财富预期效应在不同区域或者不同群体上是否也有积极的影响需要进一步的研究。

5 财富预期与农户消费：异质性分析

前面两章分别从静态与动态、规模与结构两个方面介绍了消费信贷对农户消费的总体财富预期效应。然而我国国情特殊，地区发展不平衡，城乡之间、地区之间及农村内部的发展都存在巨大差异，基于此，在前文进行理论分析的基础上，本章从区域和主体两个层次继续探讨消费信贷对农户消费财富效应的区域差异、农村内部差异。

5.1 财富预期影响农户消费的区域差异分析

由于种种原因，我国经济发展存在地区上的差异性，这种差异性不仅存在于农户收入、消费之间，金融市场发展程度同样也存在很大的差异性。因此考虑到这种区域差异性的存在，本章从全国宏观和地区微观两个维度来探讨消费信贷对农户消费财富效应的差异性。宏观视角下的消费信贷的财富效应已分散于前文静态和规模上的研究中，因此，为避免内容上的重复，本书从东部、中西部这种微观区域分布来研究消费信贷对农户消费的财富效应①。

5.1.1 问题提出

改革开放初期为促进国家东部沿海地区快速发展，国家集中人力、物力和财力优势资源，东部地区充分发挥资源的集聚效应和规模效应，经济获得快速发展，快速发展的经济为农户提供广阔的就业市场，增加农户工

---

① 前文在研究消费信贷的总体效应时，将区域划分为东部和中西部两个地区作为控制变量，而没有深入考察财富预期效应在区域之间的差异性，因此为保持前后逻辑的一致性，本章也将区域划分为东部和中西部地区，但为了更详细地探讨财富预期效应在区域上的差异性，本章采用更为详细的划分方式，将区域划分为东部、中部和西部三个区域。

资性收入，有助于稳定农户整体收入预期；而中西部地区则由于先期的投资不足经济发展和东部地区相比较为滞后，经济发展水平低，落后的经济发展对农户就业提供的支持显得有些不足，工资性收入变得不稳定，因此，东部区域为农户工资性收入的增加提供了稳定的环境，而中西部地区则较为欠缺。不仅如此，同时还体现在农户出现流动性约束而需要的融资环境上。东部地区经济基础设施建设日臻发展完善，尤其是金融市场发达，而与之对比的是，中西部地区经济发展滞后，金融发展严重不足，金融供给不足无疑限制了中西部地区农户的资金需求。数据显示①（见图5.1），截止到2016年年底，东部地区银行业金融机构拥有网点数量、从业人员数量、资产规模分别为8.8万个、164.1万人以及112.4万亿元，其在全国占比分别为39.68%、43.22%、57.35%；而中部地区相应指标数据均相对较小，其约有5.3万个银行业金融机构网点（全国占比23.81%）、81.75万相应从业人员（全国占比21.53%）以及31.2万亿元资产（全国占比15.93%）；从西部地区来看，该地区覆盖银行业机构网点6.0万个、拥有银行业从业人员92.7万人以及法人机构1 353家，在全国占比依次为27.11%、24.43%和19.36%；东北地区上述关键金融指标数据在所有区域中均最小。其中，银行业金融机构网点数有2.1万个，在全国占比9.40%；银行业金融机构从业人数和资产总额分别为41万人以及14.4万亿元，在全国所占比例分别为10.81%和7.36%。

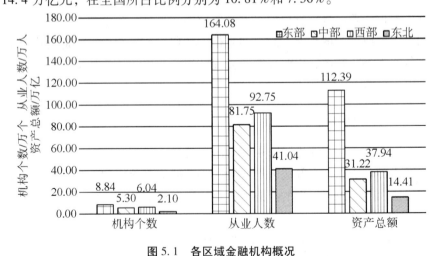

图 5.1　各区域金融机构概况

---

① 数据来源：中国人民银行发布的《中国区域金融运行报告》（2017）。

可以说，从全国金融资源的配置情况看，全国范围内金融资源存在明显的不均衡性和不平等性：东部地区占据全国的主体，而中西部地区则相对分配不足。金融资源的配置的不平衡性不仅影响到地区经济的宏观发展，更是对区域农户的微观融资需求产生了不利影响。当然，除了正规金融以外，非正规金融的发展也存在很大的差异。东部地区经济发达，农户收入要高于中西部地区，在非正规金融市场上投放的舒缓资源要高于中西部地区，金融资源配置能力的高低在某种程度上直接决定了地区农户财富累加，进而影响到消费行为决策（Gourinchas 和 Parker，2002）。从这个角度看，金融资源配置的区域差异性，必然会导致消费者财富预期形成的差异性，进而会产生消费行为的异质性。因此，考虑到区域间发展的不平衡性，消费信贷对农户消费的财富预期效应在区域上是否有异质性需要进一步验证。

5.1.2 研究假设

基于前文理论分析可知，农户在金融借款活动中会对财富进行核算并产生财富预期，财富预期水平的高低在很大程度上主要取决于收入状况、金融融资成本。从财富预期的计算公式可知，收入状况主要影响还款可能性，影响还款能力的确定性与不确定性，收入水平越高还款的可能性就越高；融资成本直接决定了财富的变化值，融资成本越低则意味着单位借款的财富净变化值就越大；此外，融资额度也是影响财富预期的重要变量，在还款可能性及单位融资成本不变的前提下，融资额度越高，财富预期值就越大。

经济的高速发展不仅带来了农户收入的快速增加，也造成了区域间农户收入差距的扩大。我国区域经济发展不平衡的客观现实，地区差异扩大会进一步加剧收入差距（Démurger et al.，2006），而居民收入的差异是导致地区消费不平衡的主要原因（Aguiar 和 Bils，2015）。从农户收入构成来看，农户收入主要由经营性收入、工资性收入、财产性收入和转移性收入组成。从各类收入对总收入的贡献率来看，工资性收入、财产性收入、转移性收入三种收入已超过经营性收入成为农户收入的主要来源。从收入的稳定性看，经营性收入主要受到天气等因素的影响，而其他工资性收入、财产性收入和转移性收入则主要受到经济环境的影响。从这个角度看，东部地区发展规模和质量要远远高于中西部地区，就业机会、社会保障等方面也比中西部地区更好，由此可见，在农户收入稳定性方面，东部地区显然要高于中西部地区。

地区发展不平衡性还表现在金融发展的差异性上。东部地区金融市场发达，各类金融服务机构众多，金融供给和金融产品丰富，可以有效满足农户的融资需求，而中西部地区则相对不足。金融影响农户消费主要通过直接效应和间接效应来影响农户消费，直接效应是消费者出现自有资金不足时，金融市场的信贷资金直接决定着其消费能力；间接效应主要通过工资性收入和投资性收入来影响农户消费。工资性收入：企业为保证生产经营的连续性，会通过留存利润促成资本积累，进而保证生产必需的资本，结果是压缩员工的工资水平，造成员工实际收入的减少进而影响到员工的预算约束，最终导致居民消费支出的减少（汪伟 等，2013）。投资性收入：农户将生产信贷资金通过经济投资活动实现财富增值升值，提高实际收入水平进而影响消费决策。不仅如此，从农户融资成本上看，东部地区金融发展较为充分，更多金融机构服务于农村市场，金融机构间市场竞争激烈，因此向金融需求者提供的服务差异较小，农户获得金融服务的成本较低；而中西部地区相较于东部发达地区，其金融发展较为欠缺，金融服务主体间竞争不充分，农村居民获得金融服务的成本较高。比较而言，东部地区居民获得金融服务的成本要低于中西部地区。除了正规金融之外，东部地区农户家庭的经济基础一般都较为雄厚，能对出现经济困难的农户提供快速流动性支持，而在这方面，中西部地区则显得薄弱。因此，本书提出研究假设。

假设 5.1：财富预期对农户消费的影响效应存在地区差异，东部地区要高于中西部地区。

5.1.3 实证分析

5.1.3.1 数据描述

为探讨消费信贷对农户消费财富预期效应在区域分布上的异质性，本书参照万广华（2001）对地区的划分方式①，将全国划分为东部、中西部两个区域，以2014家庭追踪调查数据（CFPS）为基础，通过对数据进行

---

① 参照万广华等（2001）并结合问卷调查省份，将我国（除西藏、港澳台）划分为东部、中部、西部地区。其中，东部地区（11）：北京、天津、河北、辽宁、海南、山东、江苏、上海、浙江、福建、广东；中西部地区（19）：山西、吉林、黑龙江、安徽、江西、河南、湖北、湖南、广西、内蒙古、四川、重庆、贵州、云南、陕西、甘肃、宁夏、青海、新疆。

筛选，删除消费、收入、资产、借款低于0.1万元的家庭，同时删除收入最高的5%样本，最后东部、中西部样本数分别为287份、732份有效样本[①]，如表5.1所示。

表5.1　主要变量描述性统计

变量	单位	东部		中西部	
		均值	标准差	均值	标准差
家庭消费	万元	4.616	4.383	4.474	4.269
家庭收入	万元	4.954	5.239	4.075	4.179
消费信贷	万元	4.946	6.657	4.694	12.828
财富预期	万元	2.568	2.739	2.131	2.447
家庭资产	万元	26.504	96.178	34.567	412.952
家庭规模	人	4.132	1.800	4.643	1.738
文化程度	本	1.415	1.787	1.963	1.892
健康状况		5.564	1.175	5.582	1.101
社会网络		3.223	0.840	3.171	0.864

通过表5.1可看出，东部、中西部地区农户消费支出分别为4.616万元、4.474万元，而同期农户收入分别为4.954万元、4.075万元，从各地区收支看，东部地区则资金充裕，而中西部地区的资金缺口高达0.399万元，说明农户融资需求在地域上存在不平衡性。金融融资规模东部、中西部地区分别为4.946万元、4.694万元，东部地区的融资需求规模要高于中西部地区。消费信贷的财富预期值分别为2.568万元、2.131万元，比较发现，东部地区的财富预期要明显高于中西部地区。家庭资产的总体规模分别为26.504万元、34.567万元，中西部地区资产要高于东部地区，这可能是和样本的选取有关。

[①]　在前文实证分析过程中，地区因素对农户消费有正向影响。前文使用虚拟变量（东部为1，中西部为0）来划分东部和中西部地区，为和前文保持一致性，本章在研究消费信贷财富效应的区域差异时，也将区域划分为东部和中西部地区。当然，为更充分表征消费信贷财富预期效应的区域差异，本章在稳健性部分将区域分为东部、中部和西部三个地区来探讨消费信贷对农户消费财富预期效应的区域差异。

5.1.3.2 计量检验

(1) 结果分析

本章继续使用 Probit 估计方法进行实证分析，各地区消费的参数及半参数估计结果表明半参数检验优于普通有序检验，东部和中西部地区最优值分别为 5 和 3。从半参数估计结果看（见表 5.2），本章的实证检验结果总体上和前面基本一致。

表 5.2 半参数估计结果

变量	东部		中西部	
	参数	半参数	参数	半参数
家庭收入	0.048**	0.060**	−0.003	0.005
	(0.014)	(0.045)	(0.802)	(0.778)
财富预期	0.077**	0.129**	0.092***	0.103***
	(0.032)	(0.020)	(0.000)	(0.004)
家庭资产	0.001	0.002***	0.015***	0.018***
	(0.205)	(0.002)	(0.000)	(0.002)
家庭规模	0.083*	0.165***	0.136***	0.167***
	(0.052)	(0.000)	(0.000)	(0.001)
文化程度	0.141***	0.173***	0.071***	0.083**
	(0.001)	(0.000)	(0.002)	(0.013)
健康状况	0.203***	0.311***	0.076*	0.104**
	(0.001)	(0.000)	(0.057)	(0.041)
社会网络	0.070	0.110	0.133***	0.157***
	(0.410)	(0.216)	(0.009)	(0.026)
Wald χ^2 值	286.24		15.340	
P 值	0.000		0.032	
对数似然值	−228.285		−620.392	
偏度	0.572		0.484	
峰度	3.660		3.157	
标准偏差	1.791		1.220	

具体来看，财富预期对农户消费的影响效应在东部、中西部地区分别为 0.129、0.103，影响系数都为正并且都通过显著性检验，再次验证了研究假设 4.2，说明消费信贷对农户消费积极的财富预期效应并不会因区域差异而表现出异质性，说明前文结论的可靠性。同时也看到，财富预期对农户消费的财富效应在地区分布上的差异性，东部地区要高于中西部地区，从而验证了研究假设 5.1。东部地区由于金融市场发达，借款成本要低于中西部地区，同时从收入的稳定性来看，东部地区也要显著优于中西部地区，因此在获得金融服务过程中，财富预期规模也在地区上呈现出不平衡性，东部地区要大于中西部地区。当然，本书也关注到其他因素对农户消费的影响。收入对农户消费的影响效应都为正，这和传统经典理论相吻合，影响系数分别为 0.060、0.005，但只有东部显著，而中西部则不显著。家庭资产也对农户消费表现出积极的拉动效应，影响效应分别为 0.002、0.018，并且都通过显著性检验。家庭规模对农户消费也都表现出显著的积极效应，系数分别为 0.165、0.167。教育文化程度对农户消费的影响效应也都是积极的，分别为 0.173、0.013，并都通过显著性检验。健康状况的影响效应分别为 0.311、0.104，并且都通过显著性检验。社会网络对家庭消费的影响效应分别为 0.110 和 0.157，虽然都为正，但都未通过显著性检验。

（2）稳健性检验

前文验证了财富预期对农户消费的影响效应在地区分布上的差异性，即财富预期对的影响效应东部地区要高于中西部地区。作为对前文稳健性检验，本部分将以预期收入负债比重新计算财富预期，重新检验财富预期对各地区农户消费的影响效应是否有差异。同前文参数和半参数检验结果一样，各地区消费参数及半参数估计结果均支持半参数估计优于参数估计，最优值分别为 6 和 5，见表 5.3。

表 5.3 参数和半参数估计结果（东部、中西部）

变量	东部		中西部	
	参数	半参数	参数	半参数
家庭收入	0.060 ***	0.109 ***	0.044 ***	0.045 **
	(0.004)	(0.000)	(0.001)	(0.028)

表5.3(续)

变量	东部		中西部	
	参数	半参数	参数	半参数
财富预期	0.062**	0.074	0.003	0.003
	(0.041)	(0.124)	(0.768)	(0.641)
家庭资产	0.001	0.002**	0.018***	0.033***
	(0.263)	(0.014)	(0.000)	(0.000)
家庭规模	0.088*	0.190***	0.128***	0.156***
	(0.065)	(0.001)	(0.000)	(0.000)
文化程度	0.137***	0.160***	0.071	0.064
	(0.002)	(0.002)	(0.005)	(0.009)
健康状况	0.223***	0.375***	0.061	0.096***
	(0.001)	(0.000)	(0.155)	(0.004)
社会网络	0.099	0.190**	0.123**	0.117**
	(0.284)	(0.044)	(0.023)	(0.014)
Wald χ^2 值	462.200		125.390	
P 值	0.000		0.000	
对数似然值	−192.391		−534.983	
偏度	1.079		0.302	
峰度	5.126		2.258	
标准偏差	1.887		2.011	

从半参数估计结果看（见表5.3），财富预期对农户消费的影响效应总体都是积极的但都通过显著性检验，在地区分布上分别为0.074、0.003，东部地区的财富预期效应高于中西部地区，这既符合理论假设，也和前文实证结论相一致。收入对农户消费的拉动效应同样是积极的，影响效应大小分别为0.109、0.045，东部和中西部地区影响效应都通过统计性检验。家庭资产对农户消费也发挥出了正能量作用，影响效应分别为0.002、0.033，并且都通过了显著性检验。家庭规模对消费的影响效应分别为0.190、0.156，并且都通过显著性检验。文化程度的提升也有助于家庭消费的增加，影响效应分别为0.160、0.064，东部和中西部影响效应都比较

显著。健康状况对家庭消费的影响也为积极的，分别为 0.375 和 0.096，并且都通过检验。社会网络对家庭消费的影响效应分别为 0.190 和 0.117，也都通过显著性检验。总体来看，通过重新计算财富预期得到的稳健性检验结果和前文研究结论（见表 5.2）相比，并没有出现明显的变化，因此，本书的实证分析结论是可靠的和稳健的。

前文在探讨消费信贷财富预期效应时，为和第 4 章保持一致，将全国区域划分为东部和中西部两个地区，因此，为进一步深入剖析消费信贷财富预期效应的区域差异，本章进一步将全国划分为东部、中部和西部三个地区，在前文第 4 章样本基础上重新选取变量，进一步验证消费信贷对农户财富预期效应的区域差异，重点考察消费信贷对农户消费的财富预期效应是否稳健。相关变量的描述性统计见表 5.4，仅就样本而言，中部地区农户家庭收入和支出均要高于东部和西部地区。

表 5.4 东部、中部、西部地区样本描述性统计

变量	单位	东部		中部		西部	
		均值	标准差	均值	标准差	均值	标准差
消费	万元	4.471	4.313	4.715	4.575	4.298	4.106
收入	万元	4.890	5.082	5.309	6.685	3.565	3.256
财富预期	万元	2.497	2.669	2.519	2.755	1.885	2.187
资产	万元	23.482	90.780	32.446	296.812	32.976	451.231
家庭规模	人	4.169	1.862	4.324	1.750	4.713	1.735
文化程度	本	1.406	1.787	1.926	1.818	1.969	1.936
社会资本	万元	3.228	0.841	3.165	0.872	3.155	0.886

注：东部、中部、西部样本数分别为 325 个、284 个、491 个，共计 1 100 个样本。

从 LR 参数和半参数检验结果看（见表 5.5），从 LR（OP）结果看，东部、中部和西部地区的半参数检验结果均异于参数估计，所以使用半参数来探讨消费信贷对农户消费的财富预期效应有统计基础。从 LR（k-1）看，东部地区最优值为 3，中部地区最优值为 6，西部地区最优值为 5。

表 5.5 不同 k 对应的模型的 LR 检验（东部、中部和西部）

地区	k	对数似然值	LR OP)	P 值	自由度	LR（k-1）	P 值
东部	OP	−276.775					
	3	−274.745	4.059	0.044	1	4.06	0.044
	4	−274.744	4.061	0.131	2	0.00	0.970
	5	−274.611	4.328	0.228	3	0.27	0.605
	6	−274.742	4.064	0.397	4	−0.26	1.000
中部	OP	−238.334					
	3	−235.498	5.673	0.017	1	5.67	0.017
	4	−230.565	15.537	0.000	2	9.86	0.002
	5	−230.438	15.791	0.001	3	0.25	0.614
	6	−230.549	15.570	0.004	4	−0.22	1.000
西部	OP	−412.947					
	3	−410.029	5.836	0.016	1	5.84	0.016
	4	−409.166	7.563	0.023	2	1.73	0.189
	5	−408.894	8.106	0.044	3	0.54	0.461
	6	−408.913	8.069	0.089	4	−0.04	1.000

从半参数估计结果看（见表 5.6），总体上，消费信贷对东部、中部和西部地区农户消费均产生了积极的财富预期效应，并且都通过显著性检验，这和前文结论基本一致。同时还看到，消费信贷对农户消费的财富预期效应在地区分布上却呈现出差异性，东部地区为 0.114，中部和西部地区则分别为 0.104 和 0.102，东部地区要高于中部和西部地区，既和前文结果相一致，同时再次验证了研究假设 5.1。家庭收入对农户消费也都起到正向的促进作用，家庭收入对农户消费的拉动效应分别为 0.087、0.022、0.013，收入对消费有正向积极作用，这和经典理论相吻合。家庭资产对农户消费的财富效应分别为 0.002、0.033、0.016，并且都通过显著性检验。受教育程度对农户消费也都起到积极促进作用，受教育程度对东部、中部、西部地区农户消费的引致效应分别为 0.167、0.090、0.130。社会资本对农户消费也都起到正向的促进作用，社会资本对东部、中部和西部地区农户消费的引致效应分别为 0.132、0.159、0.249，这显示出社

会资本在农户家庭消费中的重要作用，和前文结论一致。

表5.6　半参数估计结果（东部、中部、西部）

解释变量	东部		中部		西部	
	系数	P 值	系数	P 值	系数	P 值
家庭收入	0.087 ***	0.001	0.022 *	0.086	0.013	0.621
财富预期	0.114 **	0.027	0.104	0.244	0.102 **	0.034
家庭资产	0.002 **	0.026	0.033 ***	0.000	0.016 ***	0.009
家庭规模	0.023	0.628	0.133 **	0.018	0.183 ***	0.003
文化程度	0.167 ***	0.004	0.090 *	0.093	0.130 ***	0.009
社会资本	0.132	0.173	0.159 **	0.082	0.249 **	0.013
Wald χ^2 值	39.11		37.1		10.67	
P 值	0.000		0.005		0.000	
对数似然值	−274.745		−230.549		−410.029	
偏度	0.205		0.293		0.671	
峰度	1.893		2.629		3.445	
标准偏差	1.651		2.091		1.199	

5.1.4　主要结论

考虑到我国地区发展的差异性，消费信贷对农户消费的财富预期效应可能存在异质性。结果表明，东部地区、中部地区和西部地区农户的消费意愿差异明显，东部地区明显大于中西部地区。同时，在收入变化及考虑借款成本时，东部和中西部地区农户的消费意愿均和财富预期正相关。具体看，东部地区、中西部地区的财富效应大小分别为0.129和0.103，并且都通过显著性检验，财富效应呈现东部高，而中西部低的特征。将区域进一步划分为东部、中部和西部地区时，消费信贷财富预期对各地区农户消费仍然起到促进作用，但对东部地区的财富预期效应（0.114）要高于中部（0.104）和西部地区（0.102），说明本书探讨消费信贷对农户消费财富预期效应的区域差异的结论是可靠的，从而验证了研究假设5.1。

5.2 财富预期影响农户消费的主体差异分析

经济发展模式、技术进步会影响区域发展不平衡进而引起地区收入差距，但人力资本、教育等个体差异也会引起农村内部收入差距。农村内部收入差距不仅影响到农户消费能力的差异，而且还会影响到农户信贷融资，进而影响农户财富预期的形成。因此，本节在对财富预期对农户消费的整体宏观效应进行分析的前提下，进一步深入研究不同收入主体的财富预期效应的差异性。

5.2.1 问题提出

自实施改革开放政策以来，我国农村经济发展水平总体上呈现出持续向好的态势。与此同时，农户人均收入也获得稳步增长，但受限于农户基本特征、物质和人力资本、地理环境以及地区差异等多方面主客观因素的制约，农村农户收入差距也在不断扩大（孙敬水和于思源，2014）。相关数据显示①（见表 5.7），农村农户人均可支配收入最低收入（20%）和最高收入（20%）的收入差距在 2013 年、2014 年、2015 年、2016 年分别为1.845 万元、2.118 万元、2.293 万元、2.544 万元，这说明农村内部存在明显的收入差距。

表 5.7 不同组别农户人均收入状况

组别	2013 年	2014 年	2015 年	2016 年
低收入户（20%）/元	2 877.9	2 768.1	3 085.6	3 006.5
中等偏下户（20%）/元	5 965.6	6 604.4	7 220.9	7 827.7
中等收入户（20%）/元	8 438.3	9 503.9	10 310.6	11 159.1
中等偏上户（20%）/元	11 816.0	13 449.2	14 537.3	15 727.4
高收入户（20%）/元	21 323.7	23 947.4	26 013.9	28 448.0

通常来说，劳动生产率的差异是引起收入差距的重要原因。生产率较高的农户可以凭借较有效率的生产能力迅速获取社会融资，从而带来丰厚

---

① 数据来源于国家统计局。

的经济回报，进而增加其消费能力，而生产率较低的农户则相反。由于生产率差异的缘故，农村内部收入差距的扩大不仅意味着农户消费能力的差异性，同时还会带来不同的经济效应。虽然任何一个阶层都会面临不同程度的金融抑制，但收入较低阶层会面临更为严重的金融抑制。可以说，金融市场存在某种程度的门槛，低收入者由于低生产效率而远离某一财富门槛，其自有财富很难适应生产性支出和生活性支出的需要，通过外部金融市场来缓解资金不足能力欠佳，这样的居民受到较高的金融抑制程度（王小华 等，2014）。金融抑制本质上是一种农户补贴企业、穷人补贴富人的"倒挂"机制（陈斌开和林毅夫，2012）。显然，金融市场中金融抑制现象严重压缩居民通过储蓄而获得的利息收入，金融机构可利用这一场景来为其他富人阶层或国有谋取利益，造成财富由穷人到富人集中（李实 等，2005）。低收入带来严重的金融抑制，形成一个恶性循环，金融抑制又反过来降低了低收入农户获取融资的可能性，从而使得低收入群体增收变得异常困难。不同群体由于自有资源及可利用的社会资源存在明显的差异性，在面对消费信贷时，显然各群体对消费信贷会形成不同的财富预期，这种预期预示着未来经济环境的变化趋势，那么不同群体的财富预期效应是否存在差异性，需要做进一步的分析。

5.2.2 研究假设

马克思生产理论表明，生产最终决定消费。凡勃伦的象征价值说和布迪厄的消费表征论也无不反复演绎着消费实践是生产的外在附属。消费者通过外在的消费支出，表征出内在的财富水平。因此，从某种程度上说，较高的收入群体意味着拥有较多的财富水平；相反，较低收入群体的财富水平则较为贫瘠。从理论层面来看，农户一般均有改善自身消费水平和层次的强烈意愿，特别是在自有资金面临严重缺乏时，通常会以外部融资的方式来弥补消费支出不足部分。但受制于财富拥有量的客观差异，现实社会中，不同收入群体能够真正获得的金融服务确实存在显著差异。通常情况下，拥有较强偿还能力的高收入消费群体因易受到金融机构的青睐而较为容易地获得资金支持，并且由于有较高的清偿能力或潜力，金融供给机构（含正规金融与非正规金融）在提供融资服务时由于不担心借款人的还款能力，因而会提供优惠的利率或无息给借款人使用；与此相反，低收入消费群体由于不具备较强的偿还能力，因而经常会有较大概率被拒绝在金融支持门槛之外（田霖，2011；王修华 等，2013）。收入越低的群体则由于清偿能力有限，在获得融资服务过程中，金融机构往往担心未来借款人违约造成资本损失，因此会提高借款人的融资成本，从而对冲未来信贷损失风险。尽管理论上农户可以通过邻里、亲友等非正规途径获得资金支持，但现实中，该种融资方式只局限于满足短期、小额度资金需求，在长期、大额度消费支出资金缺口方面仍然显得无能为力，而正规信贷渠道却拥有满足这方面资金需求的能力（黄祖辉 等，2009）。

总之，就获得金融借款的难易程度和付出成本而言，高收入群体具有明显的优势，中收入群体次之，低收入群体最小。所以比较消费信贷活动中心理账户值（净回报）可知，高收入群体消费信贷产生的形成财富预期值（心理账户值）最大，中收入群体其次，低收入群体最小。如前方所述，心理账户余额与消费成正比例。因此，本书提出研究假设。

假设 5.2 财富预期对各收入群体的影响效应并非同质，高收入群体最大，中收入群体次之，低收入群体最小。

5.2.3 实证分析

5.2.3.1 数据描述

前文使用各区域探讨了消费信贷对农户消费的财富预期效应，结果表明，消费信贷对不同区域农户消费呈现出明显的差异性，东部地区群体的财富预期效应要高于中西部群体，验证了假设 5.1。当然，本书仅从宏观上的区域来探讨财富预期效应的差异性是远远不够的，基于此，本书通过收入来重新划分不同群体，并重新选择变量重点考察消费信贷对不同群体的财富预期效应是否稳健。将农户收入按照从小到大顺序等同划分为低收入群体、中收入群体和高收入群体，各样本数分别为 366 个、366 个和 368 个，各收入群体样本描述性统计见表 5.8。从表 5.8 可看出，低、中和高收入群体的平均收入为 1.015 万、3.291 万元、8.889 万元，而农户家庭平均支出分别为 3.425 万元、3.946 万元、5.992 万元，农户平均信贷分别为 3.677 万元、5.004 万元、5.668 万元，财富预期规模分别为 0.736 万元、2.028 万元、3.916 万元。

表 5.8 不同收入群体变量描述性统计

变量	单位	低收入 （观测值 366）		中收入 （观测值 366）		高收入 （观测值 368）	
		均值	标准差	均值	标准差	均值	标准差
家庭消费	万元	3.425	3.262	3.946	2.903	5.992	5.701
家庭收入	万元	1.015	0.590	3.291	0.759	8.889	6.278
消费信贷	万元	3.677	5.206	5.004	16.887	5.668	8.892
财富预期	万元	0.736	0.580	2.028	1.259	3.916	3.433
家庭资产	万元	13.325	79.091	11.579	16.099	65.007	582.056
家庭规模	人	4.008	1.738	4.448	1.708	4.897	1.820
文化程度	本	1.601	1.855	1.770	1.883	2.003	1.878
社会资本	万元	3.142	0.895	3.145	0.887	3.250	0.820

5.2.3.2 实证分析

从 LR 参数和半参数检验结果看（见表 5.9），从低收入群体的 LR （OP）检验结果看，半参数显著异于参数估计，而 LR （k−1）结果表明，k 取 4 和 5 时显著异于 k=3 和 k=4，综合考虑，选择似然值最大者，最后选择 k=5。同理，中收入群体和高收入群体的最后 k 值分别选 4 和 3。综上，低收入、中收入和高收入群体的最优 k 值分别选取为 5、4、3。

表 5.9 不同 k 对应的模型的 LR 检验（不同收入群体）

群体	k	对数似然值	LR OP）	P 值	自由度	LR （k−1）	P 值
低收入	OP	−322.187	—	—	—	—	—
	3	−321.676	1.022	0.312	1	1.02	0.312
	4	−316.494	11.385	0.003	2	10.36	0.001
	5	−314.582	15.210	0.002	3	3.82	0.051
	6	−313.501	17.372	0.002	4	2.16	0.141

表5.9(续)

群体	k	对数似然值	LR OP)	P 值	自由度	LR (k-1)	P 值
中收入	OP	−327.131	—	—	—	—	—
	3	−325.383	3.496	0.062	1	3.50	0.062
	4	−323.899	6.463	0.040	2	2.97	0.085
	5	−323.874	6.514	0.089	3	0.05	0.821
	6	−323.324	7.613	0.107	4	1.10	0.295
高收入	OP	−325.602	—	—	—	—	—
	3	−324.775	1.653	0.198	1	1.65	0.198
	4	−324.330	2.545	0.280	2	0.89	0.345
	5	−324.228	2.748	0.432	3	0.20	0.652
	6	−322.582	6.039	0.196	4	3.29	0.070

从半参数估计结果看（见表5.10），消费信贷对各收入群体的财富预期效应呈现出明显的异质性，消费信贷对高收入群体的财富预期效应要高于中收入群体和低收入群体，这和前文不同消费群体的划分结论基本一致，再次验证了研究假设5.2。具体而言，消费信贷对低收入群体的财富预期效应虽然没通过显著性检验，但财富预期对农户消费的影响效应为−0.069，这意味着消费信贷产生的财富预期不仅没有带来消费支出的可能性，反而降低了消费意愿；消费信贷对中收入群体农户的财富预期效应也没通过显著性检验，但和对低收入群体影响效应相反的是，消费信贷对中收入群体农户的财富预期效应为正向的（0.041），这说明消费信贷对中收入群体农户消费产生了积极的财富预期效应；消费信贷对高收入群体农户的财富预期效应不仅最高（0.079），并且通过显著性检验。

表5.10　各收入群体的半参数检验结果

解释变量	低收入（观测值366）		中收入（观测值366）		高收入（观测值368）	
	系数	P 值	系数	P 值	系数	P 值
收入	0.078	0.730	0.032	0.704	0.016*	0.094
财富预期	−0.069	0.735	0.041	0.488	0.079***	0.002
总资产	0.002***	0.009	0.031***	0.000	0.000	0.253

表5.10(续)

解释变量	低收入(观测值366)		中收入(观测值366)		高收入(观测值368)	
	系数	P 值	系数	P 值	系数	P 值
家庭规模	0.464 ***	0.000	0.113 ***	0.005	0.015	0.598
文化程度	0.210 ***	0.007	0.052	0.136	0.089 ***	0.005
社会资本	0.025	0.725	0.180	0.034	0.092	0.216
Wald χ² 值	251.1	35.67	14.66	—	—	—
P 值	0.000	0.000	0.023	—	—	—
对数似然值	−314.582	−323.899	−324.775	—	—	—
偏度	−0.009	−0.362	−0.207	—	—	—
峰度	3.489	1.919	4.617	—	—	—
标准偏差	1.933	2.250	0.920	—	—	—

此外,本书还注意到其他变量对农户消费的影响。总体上看,农户收入对各收入群体均起到积极的拉动效应,收入对低、中和高收入群体的消费效应分别为0.078、0.032、0.016,显然,高收入群体的收入弹性系数低于中低群体,这和经典理论相吻合。家庭资产对农户消费的影响效应分别为0.002、0.031、0.000,从影响程度看,家庭资产的影响效应是微弱的,这主要是因为资产对家庭消费起到一种缓冲作用。文化程度对农户消费的影响效应分别为0.210、0.052、0.089,说明家庭人力资本的提升对提升家庭消费有重要的作用。社会资本对农户消费的影响效应分别为0.025、0.180、0.092,社会资本作为一种非正式制度,对于稳定家庭消费有重要的支撑作用。

5.2.3.3 稳健性检验

前文就消费信贷对不同收入群体的财富预期效应有明显的差异性,高收入群体的财富预期效应要高于中、低收入群体。但对于农户家庭收入存在一定程度的失真,这是因为出于对其他人嫉妒的担心和安全因素的考虑而导致的居民"藏富"心理,目前关于居民收入的统计调查数据明显失真(王小鲁,2007)。因此,考虑到数据可能存在失真以及收入是消费的物质来源,本书主要从消费阶层来间接反映不同消费群体的消费意愿。同时,需要特别指出的是,在关于线性回归模型估计中,经典OLS方法得到广泛的使用。在满足同方差等高斯假设前提下，使用 OLS 可以得到因变量的条件期望值，进而捕捉到因变量的集中趋势。但当因变量差异很大而存在异常值时，OLS 提供的信息极为有限而难以覆盖各分位点。为突破 OLS 方法的局限性，Koenker 和 Bassett（1978）首次采用分位数回归法替代 OLS 来全面反映自变量对因变量不同分位点影响的思想，可以说分位回归法是对古典条件均值模型（OLS）的一种传承和拓展，但与之不同的是，相较于 OLS 的均值回归，通过分位数回归得到的系数更为稳健（李泽昱 等，2014）。针对服从不同分布的家庭消费状况来说，采用分位数回归方法可以有效识别各种影响因素对不同层次消费水平的边际贡献大小。因而，下文在研究消费信贷的财富预期效应对不同类型家庭消费的分位数回归时，采用 Efron（1979）发展的自助重复抽样方法（ bootstrap method），该方法主要用来计算协方差矩阵，为了提升估计结果的准确性，在对每个分位点进行实际回归时，都采取 400 次自助抽样方法。有别于一般使用残差平方和最小来探寻条件均值，分位回归则利用因变量条件分位数并通过加权最小残差绝对值之和来对参数进行估计，因此又称为"加权的最小一乘回归法"。

为了对比分位回归结果，本书也采用 OLS 方法对整个样本总体进行了估计，其结果同列于表 5.11。表 5.11 的结果显示，无论是基于样本整体回归，还是各分位回归，消费信贷的财富预期效应对家庭消费具有显著的正向影响，即金融需求者对未来财富形成的预期会明显促进家庭消费支出增加，进而证实了假设 4.1 的准确性。有关行为经济学的相关文献指出，经济农户的心理预期对其消费行为决策会产生影响。前文借款者预期的财富值为 2.201 万元，表明金融需求者对未来财富变化预期持有乐观的态度，而这种乐观的预期会进一步影响其消费决策。此外，表 5.11 的结果也显示：整体回归和分位回归在具体结果上有较大区别，这也在一定程度上说明，尽管整体回归能够较好地揭示财富预期对家庭消费影响的总体趋势，但不同群体家庭在消费水平方面存在一定差异，如果仅从总体层面分析消费信贷对家庭消费的财富预期效应，其结论无疑有失偏颇，无法系统深入地追溯问题的根源。由此可见，只有从总体和结构两个方面对不同消费水平下的财富预期效应进行深入剖析，才能获得契合现实状况的结论。

表 5.11　OLS 回归和分位回归结果（观测值：1 100）

被解释变量：家庭消费（consumption）					
变量	OLS	10%	25%	50%	75%	90%
家庭收入	0.083 *** (0.005)	0.043 ** (0.011)	0.041 (0.121)	0.106 ** (0.014)	0.124 ** (0.012)	0.076 (0.314)
财富预期	0.446 *** (0.000)	0.086 ** (0.015)	0.171 *** (0.000)	0.269 *** (0.000)	0.508 ** (0.000)	0.945 *** (0.002)
家庭资产	0.001 (0.103)	0.001 (0.832)	0.001 (0.901)	0.000 (0.953)	0.000 (0.981)	0.000 (0.999)
家庭规模	0.199 *** (0.003)	0.103 *** (0.007)	0.186 *** (0.000)	0.256 *** (0.000)	0.323 *** (0.000)	0.298 ** (0.029)
文化程度	0.226 *** (0.001)	0.083 ** (0.034)	0.138 *** (0.000)	0.208 *** (0.000)	0.273 *** (0.001)	0.307 ** (0.038)
地区	0.011 (0.967)	0.029 (0.821)	0.056 (0.630)	0.092 (0.585)	0.048 (0.887)	−0.108 (0.865)
健康状况	0.359 *** (0.001)	0.153 ** (0.012)	0.212 *** (0.000)	0.240 *** (0.001)	0.350 *** (0.003)	0.255 (0.274)
社会网络	0.217 (0.118)	0.111 (0.104)	0.170 *** (0.005)	0.165 * (0.081)	0.439 *** (0.007)	0.690 ** (0.031)
常数项	−0.905 (0.249)	−0.809 ** (0.038)	−1.220 *** (0.001)	−1.055 ** (0.022)	−1.464 *** (0.002)	0.614 (0.695)

分位回归结果显示：财富预期变量对不同家庭消费群体的引致效应存在异质性。伴随着分位数由最低的 10% 向最高的 90% 变动过程中，消费信贷的财富预期效应也呈现出逐渐增加的发展态势，具体效应值依次为 0.086、0.171、0.269、0.508、0.945。由此表明，越是消费水平高的群体，消费信贷的财富预期效应就会越大，这一结论充分印证了假设 5.2。从逻辑层面来看，作为个人经济实力的外在体现，消费水平在一定程度上能够反映消费者的收入获取能力，较高的消费水平大概率蕴含着消费者拥有较高的收入。此外，高消费群体通常在消费信贷过程中普遍对未来财富预期持乐观态度，进而消费意愿也更加强烈；与之相反的是，中低层次的消费群体大多对未来财富预期较为消极，因而消费意愿相对较弱。收入效应与消费水平变动方向相同，这和李永友等（2012）研究结论基本一致。家庭资产变量在对各分位点家庭消费的影响为正但均不显著，其原因可能

和资产的流动性有重要关系。另外，值得注意的是，伴随着消费水平的不断提升，与家庭收入的影响相比，消费信贷的财富预期效应优势愈加明显。其原因可能在于：高消费群体为了显示自己的优越地位，通常会热衷于参与挥霍性、炫耀性消费活动（凡勃伦），而这类活动的显著特点就是消费支出额度较大，因而，当遭遇流动性缺乏时，高消费群体会有较为强烈的消费信贷需求意愿（李培林和张翼，2000），进而降低了对收入的敏感程度。

表5.11 的结果也表明，家庭规模对各群体的家庭消费具有显著的促进作用，其影响系数随消费水平的提升呈增加趋势，具体系数值依次为：0.103、0.186、0.256、0.323、0.298。其原因在于成员规模大的家庭通常会有较大的消费需求。此外，上述研究结论也表明，文化程度也有利于显著扩大不同消费群体家庭的消费需求，其影响效应同样呈现出递增分布（0.083、0.164、0.205、0.260、0.346）。地区因素对各不同消费群体的影响总体为正，但并未通过显著性检验。健康状况随着消费群体的增加，其影响效应也呈现增加特征（0.153、0.212、0.240、0.350、0.255）。社会网络对家庭消费的影响也会随着消费群体的增加而增加（0.111、0.170、0.165、0.439、0.690）。

由以上研究可知，相比于OLS，分位回归对消费信贷财富预期效应的捕捉更为全面和丰富，如整体回归中财富预期效应为0.446，既低估了财富预期对高消费群体的影响（0.945），又高估了财富预期对低消费群体的影响（0.086）。不可否认的是，虽然分位回归可以细化不同分位点下的财富预期效应，可以实现不同消费群体中的财富预期效应的精准捕捉，但存在极端值时，仅仅通过5个分位点（0.10，0.25，0.50，0.75，0.90）的回归分析还不足以反映财富预期效应的整体态势。为此，可通过回归系数的动态轨迹图予以清晰刻画（见图5.2）。由图5.2可得，总体来看，财富预期效应会随着消费群体的上移也出现逐步增加的特征；收入效应起初表现较为稳健而后出现波动下滑趋势，并且收入效应与财富预期效应的差距不断扩大；资产效应的积极作用总体表现并不明显；家庭规模和文化程度作用大小总体上呈现先升后降态势。

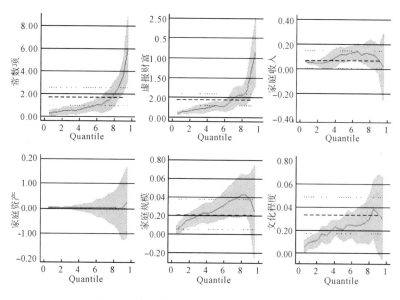

图 5.2 各分位点下回归系数变化动态轨迹

综上，消费信贷对农户消费从整体上显现出积极的财富预期效应，同时，消费信贷对不同收入（消费）群体表现出明显的差异性，高收入（消费）群体的财富预期效应要高于中低收入（消费）群体，两种不同的划分方式都证明消费信贷财富预期效应在不同群体上的差异性，再次证明了前文结论的可靠性和稳健性，从而验证了假设 5.2。

5.2.4　主要结论

前文从宏观区域上分析了财富预期对农户消费的影响，结果表明，东部地区农户的消费意愿要明显高于中部和西部地区，然而，财富预期对农户消费具有宏观上的影响效应，是否具有微观（主体差异）影响效应需要进一步检验。经验分析表明，随着收入的增加，消费信贷对农户消费的财富预期效应呈现增加趋势，这说明从微观上看，财富预期对农户影响的积极效应在不同群体上表现出异质性。本章通过两种方式来考察消费信贷对不同农户消费的异质性分析，首先，使用 Probit 来探讨消费信贷对不同收入群体财富预期效应的差异性，结果表明，消费信贷对不同收入群体消费的财富预期效应也呈现出差异性，消费信贷对高收入群体消费的财富预期效应要高于中、低收入群体。特别需要指出的是，消费信贷财富预期对低收入群体不仅没有表现出拉动效应，反而降低了低收入群体消费的可能性，而对中收入群体和高收入群体则表现出积极的促进作用。其次，使用分位回归法考察消费信贷对不同消费群体的财富预期效应，发现高消费群体的财富预期效应要高于中低消费群体，两种结论基本保持一致，即高收入（消费）群体的财富预期效应要高于中低收入（消费）群体。

5.3 本章小结

前文虽然在时间维度和规模结构上探讨了消费信贷对农户消费（结构）的总体影响效应，但考虑到我国地区差异以及农村内部差距的存在的客观事实，消费信贷对农户消费产生的财富预期效应会因为地区及主体差异而呈现异质性，对于这些问题前文并没有做出进一步的回答。基于此，为更广泛地覆盖现实农户消费场景，本书在宏观分析的基础上拓展了纵向微观研究。通过实证检验，本章的主要研究成果如下。

区域上：消费信贷对农户消费产生的财富预期效应在地区分布上呈现差异性，即消费信贷对东部地区消费的财富预期效应要高于中西部地区。本书从整体上验证了消费信贷对农户消费宏观经济效应的存在，并进一步考察了财富预期影响效应在区域上的差异性。经验结果表明，消费信贷对农户消费的影响效应在地区分布上存在明显的差异性，东部地区的影响效应要高于中西部地区。从区域上看，财富预期的影响效应高于收入仍然成立。

主体上：消费信贷财富预期对各群体引致效应并非同质，高收入（消费）群体最大，中收入（消费）群体次之，低收入（消费）群体最小。在分析了宏观影响效应的基础上，本书以 Probit 和分位回归为基础探讨了财富预期对不同群体的影响效应大小。结果表明，消费信贷对各群体影响表现出不同的财富预期效应，低收入（消费）群体拥有较低的财富效应，而高收入（消费）群体则拥有较高的财富效应。

6 研究结论、政策建议与研究展望

前文就消费信贷对农户消费的财富效应进行了深入剖析，并得出一些有理论价值和实践意义的结论。本章就实证结论进行了总结和梳理，以此为基础而提出启动农村消费、充分释放消费信贷财富效应的政策建议。通过研究结论而释放出的政策信号，可为如何更好地发挥消费信贷的功能效应提供借鉴和参考。

6.1 研究结论

消费信贷作为舒缓农户消费者流动性紧张的重要举措之一，不仅通过财富的时间效应来促进农户消费，同时还会通过借款者财富预期来影响农户消费决策。然而国内相关研究还聚焦于消费信贷物质财富促进消费支出的机制及效应研究，而忽略了消费信贷对农户消费产生的财富预期效应。本书沿袭"现象导入—理论构建—实证检验—政策启示"的研究范式，阐述了财富预期的产生过程及其影响消费的机理并提出研究假设，利用 2012 年、2014 年、2016 年、2018 年中国家庭追踪调查（CFPS）数据，运用半参数 Probit 有序模型实证考察了消费信贷的财富预期对农户消费的影响，得出稳健和可靠的结论。结论如下：

（1）提出了通过心理账户产生财富预期的思想。消费信贷为农户消费提供了重要的流动性支持，但由于农户收入的不确定性较容易受到金融市场排斥，在现实生活中，绝大多数借款人在金融活动过程中也会对未来风险担心，这是因为收入不稳定及违约信用损失的严重后果促动着借款者避免违约，因此农户借款者在获得融资支持前后都会有未来有无还款能力或者说是否违约的预期。总之，农户借款者在获得融资支持后，并没有表现出传统理性现象，而是表现出非理性特征，即会担心未来是否违约的不确定性后果（前景），从而建立心理账户对不同前景下的金融财富价值进行重新估价，最终形成财富预期。

（2）明确了财富预期的内涵及量化方法。财富预期是心理账户中对消费信贷进行估价的结果，主要满足决策者心理需求，是财富内涵和外延的一种拓展。所谓消费信贷的财富预期，是指在金融活动过程中，农户借款者根据未来有无还款能力或者违约可能性的不确定后果（Kahneman 把不确定性后果称之为前景）而建立心理账户，并对不同前景下金融财富重新进行价值判断从而形成财富预期。即财富预期是借款者以未来前景为基础而对金融财富进行估价（价值判断）的结果，财富预期规模的大小反映了决策者对未来违约风险的一种预判。财富预期表征着农户未来消费环境变化的期望值，财富预期规模越大，越说明农户未来违约风险较小；相反，财富预期规模越小，则说明农户未来违约风险较大。在对消费信贷财富预期概念进行清晰界定基础上，本书提出了前景设定和价值判断等对消费信贷的财富预期进行量化。前景设定，依据不确定性事件发生的互斥性和完备性原则，本书将不确定性前景设置为有能力还款（履约）和无能力还款（违约）两种前景；价值判断，选择现状参照点和非现状参照点来对消费信贷进行价值判断。最终，通过前景设定和价值判断形成消费信贷的财富预期。

（3）构建了消费信贷的财富预期影响消费决策的逻辑框架。现有研究消费信贷影响农户消费的路径主要是基于财富的跨期配置，和传统消费信贷影响农户消费的路径不同的是，财富预期主要通过参照点、沉没成本、认知和情绪等来影响农户决策。具体而言，财富预期主要通过参照点效应和沉没成本效应来影响消费规模，而通过对财富预期的认知属性和情绪反应来影响消费内容选择，当处于财富认知或乐观情绪时，农户倾向于改善型消费，而处于债务认知或悲观情绪时，则倾向于生存型支出。

（4）消费信贷的财富预期对农户消费的影响效应是积极的。在构建消费信贷财富预期影响农户消费分析框架基础上，本书探讨了消费信贷的财富预期对农户消费的影响效应，结果表明：从静态看，消费信贷的财富预期对农户消费的影响效应是正向的；从以面板数据或追踪数据呈现的动态看，财富预期对农户消费的影响效应仍然为正向；从结构上看，消费信贷衍生的财富预期不仅有利于家庭消费规模的增加，而且对于各消费层次也都具有积极的助推效应。但消费信贷对农户消费的财富预期效应在结构上存在明显的差异性，对衣着类等生存型支出的影响效应要高于医疗文娱等改善型支出上。

（5）消费信贷的财富预期对农户消费的影响效应呈现出异质性。从总体上看，消费信贷财富预期对农户消费表现出积极的影响效应，但对各地区和不同消费群体的拉动效应却具有明显的差异性。从地区分布来看，消费信贷对东部地区居民消费的促进效应要明显高于中西部地区。从不同群体看，消费信贷对中收入和高收入群体均产生了正的财富预期效应，但并没有带来低收入群体消费的增加。比较而言，消费信贷的财富预期效应随着收入群体的提升而逐渐增加，总体上呈现出递增的梯度分布：高收入群体的财富预期效应最大，中收入群体的财富预期效应次之，低收入群体的财富预期效应最小。

6.2 政策建议

基于理论构建—实证分析提出的实证研究结论，为发挥消费金融资源配置的政策研究指明了方向。本书的研究，结论一主要说明农户在消费信贷过程中会对消费信贷产生财富预期。显然，借贷行为是农户家庭产生财富预期的前提和基础，因此，加大供给和创新消费金融服务并提高消费信贷的可获得性和便利性成为重要的政策方向。结论二提出了消费信贷财富预期的相关概念和量化方法。从财富预期的产生及量化看，提高农户还款能力（收入负债比）及降低融资成本是直接增加财富预期的直接方式。结论三明晰了消费信贷的财富预期影响农户消费的作用路径，为畅通消费信贷财富预期对农户消费的影响效应指引了方向。结论四验证了消费信贷对农户消费的积极财富预期效应，同时还验证了正规金融与非正规金融对农户消费财富预期效应的协同效应。这个论断说明充分释放消费信贷的财富效应应该作为政策选取的前提条件，通过增加农村金融供给、规范民间借贷、为居民提供合理金融预期的方式做出政策选择。结论五说明消费信贷对农户消费财富预期效应存在地区差异和主体差异。从中可以找到信贷消费效应的薄弱区域，缩小收入差距可为整体上提高消费信贷财富预期效应提供支撑点。

本书研究结论的政策含义意味着要充分释放消费信贷对农户消费的拉

动效应，应以夯实财富预期的形成基础、放大消费信贷财富预期的影响效
应为中心，完善以实现释放消费信贷对农户消费积极效应为中心的矩阵
布局。

6.2.1　提高消费金融的可获得性，为财富预期的产生创造前提

金融活动过程中形成财富预期的前提是农户获得金融服务，因此，应
努力提高金融服务的获得性和便利性，夯实消费信贷财富预期的形成基
础。但由于各种原因致使农村金融资源匮乏，农村金融资源无法满足农户
的融资需求，农村普遍存在着信贷市场"资源错配"和农户家庭"资源无
效"的现象（孙同全 等，2015），金融安排和功能的缺失造成农户信贷约
束，这影响到农户获得金融服务的获得感，从而影响到财富预期的形成。
因此要释放消费信贷财富预期对消费的积极效应，必须直击农户融资"痛
点"，大力发展农村普惠金融，降低金融服务门槛，规范金融市场，避免
出现由于金融机构利润最大化问题而出现的"使命漂移"现象，为资金需
求者提供一个公平的金融服务机会，提高消费信贷的可获得性。

一是涉农金融机构要向农村基层下沉，做到目标客户和主营业务下
沉，缩减农户获得金融服务的市场距离。首先，涉农金融机构要完善基层
服务，尤其是要提升中西部农村及偏远地区的金融服务能力，加强金融基
础设施建设，提高农户消费信贷需求的可获得性和便利度。其次，坚守为
农服务的经营理念，尤其是向低收入群体和困难群体覆盖，满足弱势群体
的融资需求，进而增强其消费能力，继而真正做到破解农村金融资源配置
向精英阶层固化的格局（温涛 等，2016），避免多数农户在金融市场中被
"边缘化"和"客体化"。最后，涉农金融机构要创新金融服务类型，针对
不同客户提供不同的服务，即要为农户消费决策提供融资服务，大力发展
消费金融市场，又要为农户消费提供信贷资金支持。

二是着实降低金融服务门槛，多渠道缓解农户金融排斥困境。我国金
融市场普遍存在各种金融排斥（何德旭和苗文龙，2015），金融排斥造成
金融资源配置扭曲，其直接消极后果是融资者无法通过适当的渠道获得必
要的金融服务。从福利经济学视角看，金融排斥是经济负外部性的重要表
现（王修华 等，2013），更是金融市场失灵的一种表现。因此，降低金融
服务门槛，首先要给予所有融资需求者公平的机会、取消不公平的限制
性、定向性条件，简化消费信贷手续和操作环节，让农村各阶层尤其是弱

势群体都能享受到一般金融服务权利；其次，通过借助技术创新尤其是移动网络等新兴经营业态来提升服务效率，解决因信息不对称等原因造成的金融排斥，金融技术创新效应惠及广大农村居民需求者。

三是规范农村金融服务市场，增加农户金融服务的可获得性。长期的二元双轨制导致农村金融生态和金融体制极度不完善，使得农村金融功能发挥受到限制。非正规金融成为补充正规金融服务不足的一种重要的融资渠道。从短期来看，正规金融与非正规金融是替代关系；从长期来看，这种替代关系会逐渐消失，非正规金融的存在能够提高整个信贷市场的资金配置效率（林毅夫和孙希芳，2005）。只有当正规金融与非正规金融实现合作共存时，才能有效满足农户的融资需求（赵晓菊 等，2011）。因此，规范农村金融市场，提高消费的可获得性，一要以农村金融市场开放为契机，引导民间资本进入农村市场，激发民间资本的鲶鱼效应，倒逼国有银行改革，提高金融资源服务效率；二要积极鼓励非正规与正规金融之间的合作。发挥正规金融的资金优势，利用非正规金融的信息与履约机制优势。尤其要注重正规金融和非正规金融的制度和结构镶嵌，突破二元金融之间的制度隔阂，积极探索二元金融互动耦合机制，缓解行为主体金融排斥困境，提高金融信贷的可获得性和便利度。

6.2.2 创新消费金融服务，改善财富预期效应的作用环境

消费信贷财富预期产生的前提是农户获得金融服务，在获得融资支持后，农户主体会担忧未来不能按时履约，从而造成社会信任、经济等损失，因此农户主体担忧未来违约是形成财富预期的主要原因，有违约预期时，农户主体会避免违约或使损失最小化，必然会压缩其消费开支，从而挤出消费信贷对农户消费功能效应的释放空间，因此，为释放消费信贷财富预期对农户消费的积极效应，应创新消费金融服务方式，优化财富预期的形成环境。

第一，在还款方式上，充分利用消费信贷的分期功能来缓解农户还款压力。农户借款者在面临流动性紧张时，往往会向金融市场寻求信贷支持从而平滑其消费支出，但如果预期未来在到期前不能正常还款，则会调整自己的开支从而主要进行风险规避。因此，对于消费金融而言，可灵活设置消费金融还款方式，将一次性还款优化为多次还款，减少一次性还款给借款人带来的经济压力，从而有利于对消费信贷形成积极的财富预期。

第二，在使用方式上，可给予借款人一定利息豁免期。传统上，消费金融资源由供给方移交给需求方时，借贷双方的权利和义务便已确立，农户便开始承担付息义务，显然，这会对消费信贷财富预期造成无形的压力。因此，应该在使用方式上进行创新，根据消费信贷的使用期限，可对消费信贷的使用设定一定的免息期，在这个免息期内进行消费可享受免付利息优惠，一旦农户在享受商品使用效用时形成黏性，自然会进行额外的消费，从而最大化消费金融的功能效应。

6.2.3　降低消费金融融资成本，扩大财富预期的规模

从消费信贷的财富预期形成过程看，金融服务的融资成本是影响农户形成财富预期规模的重要因素之一。因此，应着实降低农户获得金融服务成本，从根本上增加消费信贷的财富预期规模。从农户借款来源看，主要有银行等正规金融部门和亲友等非正规金融部门，降低金融服务成本对于正规金融部门和非正规金融部门有不同的政策含义。

对于银行等正规金融部门而言，金融服务成本，主要包括利服务费、滞纳费、交易费以及其他杂费等，金融服务成本高的原因主要在于信息不对称、缺乏必要的抵押物等，向农户贷款要承担很大的风险，从而造成正规金融部门普遍的惜贷，但受制于国家服务三农的政策导向，正规金融部门只有通过提高金融服务价格来对冲未来风险。因此，降低金融服务成本，可从源头上解决信息不对称，充分利用大数据、区块链、人工智能等金融科技来大幅降低信贷资源的成本和交易成本，降低资信调查成本，缩短交易时间，切实降低金融服务成本。除了从正规金融获得信贷支持外，农户还可以通过亲友等非正规金融市场获得信贷支持来补足流动性。因此，除降低银行等正规金融部门服务成本外，要特别重视规范亲友非正规金融市场建设，将其作为正规金融的有益补充。非正规金融在舒缓农户融资方面发挥了积极作用，虽然大部分亲友间的非正规金融并不需要付出经济成本，但一旦借贷双方超出血缘、地缘范围，非正规金融交易中的信息不对称就会被显著放大，从而造成融资成本迅速上升，特别是在农村金融市场中也存在部分高利贷的市场金融行为，这不利于农村非正规金融市场的健康发展。因此，要切实降低农村非正规金融市场服务成本，充分释放出正规金融和非正规金融部门的协同效应。

6.2.4　夯实经济收入基础，释放财富预期效应的影响空间

夯实农户经济收入基础有两层含义，一是从财富预期的产生过程看，农户收入负债比是影响财富预期的重要因素，因此增加农户收入能力是提升消费信贷财富预期的关键；从消费信贷财富预期创造过程看，收入也影响到收入负债比，进而影响到财富预期规模。二是按照绝对收入假设、相对收入假设、持久收入假设、随机游走假说等经典消费理论观点及本书研究结论，农户的收入状况和其消费支出成正比例关系，农户家庭纯收入决定着家庭消费能力。因此，提高农户积极财富预期的关键是增加其经济财富水平。

一要增加收入规模。消费信贷的财富预期意味着农户对未来消费环境的判断，经济偿还能力不足会极大影响农户对消费信贷的财富预期，因此，应该增加农户收入的稳定性和持久性。从农户收入组成来看，包括经营性收入、工资性收入等，长期以来，农户收入主要来源于农业经营性收入，收入渠道较为单一，并且农业收入也因受自然因素影响而出现极大的不确定性。受成本"地板"和价格"天花板"的双重挤压，农产品收益困难，传统农业经营性收入面临增长瓶颈（张红宇，2015）。特别是在经济新常态下，影响农民收入的外部环境和内部机制都发生了变化，居民收入不仅受到宏观经济影响，同时还会受到外部国际市场的影响。因此，为了避免增收波动，必须多措并举、千方百计寻求农村居民增收的新途径，稳定收入预期，健全增收的长效机制，这才是释放消费信贷财富预期效应的关键所在。

二要缩小收入差距。研究结论表明，消费信贷的财富预期对农户消费的影响有异质性，不同区域和不同收入群体的财富预期效应有差异，东部地区要高于中西部地区，高收入群体要高于中低收入群体。因此，缩小收入差距的着力点应放在如下两方面。

首先，缩小区域收入差距。地区间经济发展的不平衡性是引起收入差距的首要原因（程名望 等，2016）。因此，应该从硬件和软件两个方面切实缩小区域差距。在硬件方面，要拓展中西部基础设施建设空间，加快要素资源流动，提高资源配置效率。在软件方面，要加大对落后地区的政策与资源支持力度。国家层面应该变非均衡发展为均衡和协调发展，制定完善并落实促进落后地区发展的政策，尤其是加快中部崛起和西部大战略向

纵深推进。此外，不仅是政策层面，东部发达地区还应该加大向中西部地区的资源供给，通过产业转移、技术转移带动落后地区发展，进而缩小区域间收入差距。

其次，缩小农村内部差距。农民收入主要由工资性收入和家庭经营性收入两部分组成，财产性收入、转移性收入对农民收入而言占比并不大，农户之间家庭经营性收入差距也并不明显（刘长庚和王迎春，2012），只有工资性收入的差距在农村内部表现非常明显，可以说，工资性收入是导致农户总收入不平等的关键（程名望 等，2016）。因此，缩小农村内部差距要做到缩小工资性收入差距，一要重视人力资本积累。人力资本是造成农户收入差距的主要原因（高梦滔和姚洋，2016），人力资本有利于缩小农户之间的收入差距（李晓嘉和蒋承，2018）。二要畅通劳动力就业市场。努力消除劳动力就业市场的制度性障碍和歧视，逐步释放户籍制度改革红利，为劳动力的由低效率的农业领域向高效率的非农领域转移提供制度环境。这是增加行为主体工资性收入，降低农户收入不平等的重要战略方向。

6.3 研究展望

本书取得了一定研究成果，但仍然存在值得进一步研究的空间：

首先，关于参照点的选取。本书虽然发现农户借款者对消费信贷会产生财富预期，但在对财富预期量化过程中也发现不同参照点带来财富预期规模的差异，而这不仅关乎到财富预期水平的高低，同时还会影响到心理账户对用于消费开支的资源配置安排。基于此，如何选取一个既能最大化满足借款者心理需求导向，又能使对财富预期估价能被普遍接受的参照点，成为未来财富预期研究的关键。

其次，收获和损失的敏感性差异。心理账户理论研究表明，经济个体在面对损失会比获得具有更强的敏感性，但受限于结构安排，本书并未深入讨论面对收获和损失时，借款者的行为反应差异。因此，为全面探讨财富预期效应，应进一步比较出现收获和损失时行为反应差异，以提高财富预期效应研究的完整性。

最后，对于财富预期效应的验证。本书通过经验分析验证了消费信贷在规模与结构、区域与主体具有显著的财富预期效应，结论是稳健的和可靠的。但同时也发现，如同收入一样，财富预期对居民消费在时间维度上是否也呈现出边际效应递减现象，由于本书采用的时间跨度较短，因此，对于财富预期效应是否具有边际效应递减规律仍需做进一步的大周期检验。

参考文献

[1] 白重恩, 李宏彬, 吴斌珍. 医疗保险与消费: 来自新型农村合作医疗的证据 [J]. 经济研究, 2012 (2): 41-53.

[2] 边慎, 蔡志杰. 期望效用理论与前景理论的一致性 [J]. 经济学 (季刊), 2005 (1): 265-276.

[3] 陈翠霞. 保险公司最优资产配置与风险决策研究: 基于 CPT 模型 [D]. 2018.

[4] 陈斌开, 林毅夫. 金融抑制、产业结构与收入分配 [J]. 世界经济, 2012 (1): 3-23.

[5] 陈芳. 社会资本、融资心理与农户借贷行为: 基于行为经济学视角的逻辑分析与实证检验 [J]. 南方金融, 2018 (4): 51-63.

[6] 储德银, 黄文正, 赵飞. 地区差异、收入不平等与城乡居民消费 [J]. 经济学动态, 2013 (1): 46-52.

[7] 陈冲. 人口结构变动与农村居民消费: 基于生命周期假说理论 [J]. 农业技术经济, 2011 (4): 25-32.

[8] 陈冲. 收入不确定性的度量及其对农村居民消费行为的影响研究 [J]. 经济科学, 2014 (3): 48-62.

[9] 陈东, 刘金东. 农村信贷对农村居民消费的影响: 基于状态空间模型和中介效应检验的长期动态分析 [J]. 金融研究, 2013 (6): 160-172.

[10] 蔡栋梁, 王聪, 邱黎源. 信贷约束对农户消费结构优化的影响研究 [J]. 农业技术经济, 2020 (3): 84-96.

[11] 崔海燕. 互联网金融对中国居民消费的影响研究 [J]. 经济问题探索, 2016 (1): 162-166.

[12] 陈瑞, 陈辉辉, 郑毓煌. 怀旧对享乐品和实用品消费决策的影响 [J]. 南开管理评论, 2017 (6): 140-149.

[13] 陈屹立. 家庭债务是否降低了幸福感?：来自中国综合社会调查的经验证据 [J]. 世界经济文汇, 2017 (4)：102-119.

[14] 程名望, 盖庆恩, 史清华. 中国农户收入不平等及其决定因素：基于微观农户数据的回归分解 [J]. 经济学（季刊）, 2016 (2)：1253-1274.

[15] 程名望, 史清华, YANHONG J, et al. 农户收入差距及其根源：模型与实证 [J]. 管理世界, 2015 (7)：17-28.

[16] 程士强. 金融社会学的中国传统：对费孝通农村金融研究的阐释与重构 [J]. 华中农业大学学报（社会科学版）, 2011 (5)：80-85.

[17] 程郁, 韩俊, 罗丹. 供给配给与需求压抑交互影响下的正规信贷约束：来自1874户农户金融需求行为考察 [J]. 世界经济, 2009 (5)：73-82.

[18] 董志勇, 黄迈. 信贷约束与农户消费结构 [J]. 经济科学, 2010 (5)：72-79.

[19] 范兆媛, 王子敏. 人口年龄结构与居民家庭消费升级：基于中介效应的检验 [J]. 湘潭大学学报（哲学社会科学版）编辑部, 2020 (2)：62-68.

[20] 费孝通. 江村经济 [M]. 上海：上海人民出版社, 2006.

[21] 封福育, 赵梦楠. 货币政策对农村居民消费的非线性影响研究：基于PSTR模型的实证分析 [J]. 中央财经大学学报, 2016 (1)：92-98.

[22] 高梦滔, 毕岚岚. 家庭人口学特征与农户消费增长：基于八省微观面板数据的实证分析 [J]. 中国人口科学, 2010 (6)：70-78.

[23] 郭克莎. 防范通货紧缩及通缩预期对经济增长的影响 [J]. 财贸经济, 2016 (2)：20-27.

[24] 龚六堂. 高级宏观经济学 [M]. 武汉：武汉大学出版社, 2001.

[25] 高梦滔, 姚洋. 农户收入差距的微观基础：物质资本还是人力资本? [J]. 经济研究, 2007 (5)：3-12.

[26] 高梦滔, 毕岚岚. 家庭人口学特征与农户消费增长：基于八省微观面板数据的实证分析 [J]. 中国人口科学, 2010 (6)：70-78.

[27] 郭沛. 中国农村非正规金融规模估算 [J]. 中国农村观察, 2004 (2)：21-25.

[28] 巩师恩. 中国农村居民的收入波动如何影响了消费波动?：基于结构视角的实证研究 [J]. 南京农业大学学报（社会科学版）, 2014 (6)：

19-25.

[29] 郭新华, 张思怡, 刘辉. 基于 VECM 模型的信贷约束、家庭债务与中国宏观经济波动分析 [J]. 财经理论与实践, 2015 (5)：23-28.

[30] 郭小艳, 王振宏. 积极情绪的概念、功能与意义 [J]. 心理科学进展, 2007 (5)：810-815.

[31] 郭云南, 姚洋, JEREMY FOLTZ. 宗族网络、农村金融与平滑消费：来自中国 11 省 77 村的经验 [J]. 中国农村观察, 2012 (1)：32-45.

[32] 杭斌, 修磊. 收入不平等、信贷约束与家庭消费 [J]. 统计研究, 2016 (8)：73-79.

[33] 郝爱民. 农户消费决定因素：基于有序 probit 模型 [J]. 财经科学, 2009 (3)：104-111.

[34] 何大安. 理性选择向非理性选择转化的行为分析 [J]. 经济研究, 2005 (8)：73-83.

[35] 何德旭, 苗文龙. 金融排斥、金融包容与中国普惠金融制度的构建 [J]. 财贸经济, 2015 (3)：5-16.

[36] 何南. 基于 VECM 的中国家庭债务与消费波动：1997—2011 年 [J]. 经济学动态, 2013 (7)：65-69.

[37] 何贵兵, 于永菊. 决策过程中参照点效应研究述评 [J]. 心理科学进展, 2006 (3)：408-412.

[38] 何月霓. 基于消费需求的我国农村居民消费问题探讨：以广西为例 [J]. 商业经济研究, 2018 (10)：29-32.

[39] 贺洋, 臧旭恒. 家庭资产结构与消费倾向：基于 CFPS 数据的研究 [J]. 南方经济, 2016 (10)：75-94.

[40] 胡兵, 涂先进, 胡宝娣. 社会保障对农村居民消费影响的门槛效应 [J]. 当代经济研究, 2013 (12)：67-73.

[41] 黄祖辉, 刘西川, 程恩江. 贫困地区农户正规信贷市场低参与程度的经验解释 [J]. 经济研究, 2009 (4)：116-128.

[42] 黄祖辉, 刘西川, 程恩江. 中国农户的信贷需求：生产性抑或消费性：方法比较与实证分析 [J]. 管理世界, 2007 (3)：139-148.

[43] 姜伟, 闫小勇, 胡燕京. 消费者情绪对通货膨胀影响的理论分析 [J]. 经济研究, 2011 (s1)：90-104.

[44] 姜洋, 邓翔. 居民消费行为的收入决定论：中国城乡居民消费函

数的省际验证 [J]. 中央财经大学学报, 2011 (11): 74-80.

[45] 寇恩惠, 侯和宏. 消费平滑、收入波动和局部保险: 基于农村居民数据的分析 [J]. 财贸经济, 2015 (9): 33-45.

[46] 李爱梅, 郝玫, 李理, 等. 消费者决策分析的新视角: 双通道心理账户理论 [J]. 心理科学进展, 2012 (11): 1709-1717.

[47] 李爱梅, 李斌, 许华, 等. 心理账户的认知标签与情绪标签对消费决策行为的影响 [J]. 心理学报, 2014 (7): 976-986.

[48] 李爱梅, 李伏岭. 悲伤消费效应研究综述 [J]. 外国经济与管理, 2013 (9): 44-51.

[49] 李爱梅, 李连奇, 凌文辁. 积极情绪对消费者决策行为的影响评述 [J]. 消费经济, 2009 (3): 39-42.

[50] 李爱梅, 凌文辁, 方俐洛, 等. 中国人心理账户的内隐结构 [J]. 心理学报, 2007 (4): 706-714.

[51] 李宝翼. 虚拟经济和虚拟财富的内涵: 与刘骏民等学者商榷 [J]. 南开经济研究, 2005 (2): 56-60.

[52] 李广泳, 张世晴. 人均收入差距对居民消费率的影响研究: 基于我国省际动态面板数据和 EG 两步法的实证分析 [J]. 上海经济研究, 2015 (2): 57-67.

[53] 李光, 梁嘉骅. 三大收入差距对消费影响的实证分析 [J]. 中国软科学, 2011 (3): 160-168.

[54] 李谷成, 冯中朝. 中国农户消费—收入结构的实证分析 [J]. 农业技术经济, 2004 (6): 31-36.

[55] 李敬强, 徐会奇. 收入来源与农村居民消费: 基于面板数据的结论与启示 [J]. 经济经纬, 2009 (6): 113-116.

[56] 李江一, 李涵. 城乡收入差距与居民消费结构: 基于相对收入理论的视角 [J]. 数量经济技术经济研究, 2016 (8): 97-112.

[57] 李江一, 李涵. 消费信贷如何影响家庭消费? [J]. 经济评论, 2017 (2): 113-126.

[58] 李培林, 张翼. 消费分层: 启动经济的一个重要视点 [J]. 中国社会科学, 2000 (1): 52-61.

[59] 李锐, 项海容. 不同类型的收入对农村居民消费的影响 [J]. 经济研究参考, 2004 (6): 32-33.

[60] 李实, 魏众, 丁赛. 中国居民财产分布不均等及其原因的经验分析 [J]. 经济研究, 2005 (6): 4-15.

[61] 李涛, 陈斌开. 家庭固定资产, 财富效应与居民消费: 来自中国城镇家庭的经验证据 [J]. 经济研究, 2014 (3): 64-77.

[62] 李文星, 徐长生, 艾春荣. 中国人口年龄结构和居民消费: 1989: 2004 [J]. 经济研究, 2008 (7): 118-129.

[63] 李晓嘉, 蒋承. 我国农村家庭消费倾向的实证研究: 基于人口年龄结构的视角 [J]. 金融研究, 2014 (9): 115-127.

[64] 李晓嘉, 蒋承. 农村减贫: 应该更关注人力资本还是社会资本? [J]. 经济科学, 2018 (5): 68-80.

[65] 李晓楠, 李锐. 我国四大经济地区农户的消费结构及其影响因素分析 [J]. 数量经济技术经济研究, 2013 (9): 89-105.

[66] 李响, 王凯, 吕美晔. 人口年龄结构与农村居民消费: 理论机理与实证检验 [J]. 江海学刊, 2010 (2): 93-98.

[67] 李燕桥, 臧旭恒. 消费信贷影响我国城镇居民消费行为的作用渠道及检验: 基于 2004—2009 年省际面板数据的经验分析 [J]. 经济学动态, 2013 (1): 20-31.

[68] 李永友, 丛树海. 居民消费与中国财政政策的有效性: 基于居民最优消费决策行为的经验分析 [J]. 世界经济, 2006 (5): 54-64.

[69] 李永友, 钟晓敏. 财政政策与城乡居民边际消费倾向 [J]. 中国社会科学, 2012 (12): 64-82.

[70] 李子联. 新型城镇化与农民增收: 一个制度分析的视角 [J]. 经济评论, 2014 (3): 16-25.

[71] 李泽昱, 苏宇楠, 田茂再. 基于分位回归的国家形象影响因素分析 [J]. 统计研究, 2014 (8): 59-65.

[72] 林左鸣, 吴秀生. 从生活价值论解读财富属性 [J]. 经济体制改革, 2006 (1): 16-20.

[73] 林晓楠. 消费信贷对消费需求的影响效应分析 [J]. 财贸经济, 2006 (11): 27-31.

[74] 林毅夫, 孙希芳. 信息、非正规金融与中小企业融资 [J]. 经济研究, 2005 (7): 35-44.

[75] 凌炼, 龙海明. 消费金融影响居民消费行为的机制分析 [J]. 求

索，2016（5）：78-82.

[76] 刘长庚，王迎春. 我国农民收入差距变化趋势及其结构分解的实证研究 [J]. 经济学家，2012（11）：68-75.

[77] 刘金全. 虚拟经济与实体经济之间关联性的计量检验 [J]. 中国社会科学，2004（4）：80-90.

[78] 刘骏民. 财富本质属性与虚拟经济 [J]. 南开经济研究，2002（5）：17-21.

[79] 刘双，祁春节，赵玉. 农户消费行为差异分析：基于湖北两地区农户的调查 [J]. 农业技术经济，2015（2）：23-32.

[80] 刘维奇，张晋菁. 考虑消费者预期后悔的价格歧视策略研究 [J]. 中国管理科学，2018（5）：1-8.

[81] 刘伟，王灿，赵晓军，等. 中国收入分配差距：现状、原因和对策研究 [J]. 中国人民大学学报，2018（5）：25-43.

[82] 刘雯. 收入差距、社会资本与农户消费 [J]. 中国农村经济，2018（6）：86-102.

[83] 刘西川，杨奇明，陈立辉. 农户信贷市场的正规部门与非正规部门：替代还是互补？[J]. 经济研究，2014（11）：145-158.

[84] 卢建新. 农村家庭资产与消费：来自微观调查数据的证据 [J]. 农业技术经济，2015（1）：84-92.

[85] 骆永民，樊丽明. 中国农村人力资本增收效应的空间特征 [J]. 管理世界，2014（9）：58-76.

[86] 骆永民，樊丽明. 土地：农民增收的保障还是阻碍？[J]. 经济研究，2015（8）：146-161.

[87] 骆祚炎. 支出增长预期对居民消费和储蓄的影响分析：兼评预防性储蓄理论的不足 [J]. 山西财经大学学报，2007（8）：33-38.

[88] 骆祚炎. 住房支出、住房价格、财富效应与居民消费增长：兼论货币政策对资产价格波动的关注 [J]. 财经科学，2010（5）：31-38.

[89] 冒佩华，徐骥. 农地制度、土地经营权流转与农民收入增长 [J]. 管理世界，2015（5）：63-74.

[90] 马文杰，徐晓萍. 信贷抑制类型识别及政策影响：千村调查证据 [J]. 金融研究，2018（9）：19-36.

[91] 马拥军. 财富预期及其存在论解读 [J]. 哲学研究，2014（2）：

11-17.

[92] 南永清, 臧旭恒, 王立平. 非正规金融、过度敏感性与中国农村居民消费: 基于 2003—2014 年省际面板数据的经验分析 [J]. 山东大学学报 (哲学社会科学版), 2017 (5): 101-108.

[93] 南永清, 周勤, 黄玲. 社会网络、非正规金融与农户消费行为: 基于中国家庭追踪调查数据的经验证据 [J]. 农村经济, 2018 (6): 80-86.

[94] 潘彬, 徐选华. 资金流动性与居民消费的实证研究: 经济繁荣的不对称性分析 [J]. 中国社会科学, 2009 (4): 43-53.

[95] 潘汪涛, 刘雯. 收入差距对农户消费结构的影响研究 [J]. 商业经济研究, 2019 (12): 47-49.

[96] 彭定赟, 张飞鹏. "广义财富" 的界定与测度研究 [J]. 广义虚拟经济研究, 2016 (3): 27-33.

[97] 彭小辉, 史清华, 朱喜. 不同收入的消费倾向一致吗?: 基于全国农村固定观察点调查数据的分析 [J]. 中国农村经济, 2013 (1): 48-56.

[98] 潘敏, 刘知琪. 居民家庭 "加杠杆" 能促进消费吗?: 来自中国家庭微观调查的经验证据 [J]. 金融研究, 2018 (4): 75-91.

[99] 潘孝富, 王昭静, 高飞, 等. 辛苦所得与意外所得的非理性消费偏差: 基于 IAT 检测和 ERP 证据 [J]. 心理科学进展, 2014 (4): 596-605.

[100] 齐红倩, 李志创. 我国农村金融发展对农村消费影响的时变特征研究 [J]. 农业技术经济, 2018 (3): 110-121.

[101] 钱文荣, 李宝值. 不确定性视角下农民工消费影响因素分析: 基于全国 2679 个农民工的调查数据 [J]. 中国农村经济, 2013 (11): 57-71.

[102] 徐亚东, 张应良, 侍述强. 流动性约束、收入不平等与农户消费 [J]. 改革, 2023, (03): 133-147.

[103] 顾宁, 范振宇. 农户信贷需求结构分析 [J]. 农业经济问题, 2012, 33 (8): 73-78.

[104] 邱黎源, 胡小平. 正规信贷约束对农户家庭消费结构的影响: 基于全国 4141 户农户的实证分析 [J]. 农业技术经济, 2018 (8): 16-25.

[105] 王延涛. 农户信贷行为变迁的趋势分析 [J]. 农业经济, 2024

（4）：118-119.

[106] 段秀娟，张海波. 乡村振兴视角下农村金融发展影响因素分析 [J]. 中国市场，2022（7）：38-39.

[107] 阮锋儿，罗剑朝. 农户消费、生产性投资与正规金融借贷关系及实证研究 [J]. 农业技术经济，2006（5）：21-27.

[108] 孙豪，毛中根. 居民收入结构对文化消费增长的影响研究 [J]. 财贸研究，2018（5）：38-46.

[109] 孙敬水，于思源. 农村居民收入差距适度性影响因素实证研究：基于全国 31 个省份 2852 份农村居民家庭问卷调查数据分析 [J]. 经济学家，2014（8）：90-102.

[110] 宋明月，臧旭恒. 不确定性、粘性信息的叠加效应与我国农村消费潜力释放 [J]. 经济评论，2018（3）：131-143.

[111] 宋明月，臧旭恒. 我国居民预防性储蓄重要性的测度：来自微观数据的证据 [J]. 经济学家，2016（1）：89-97.

[112] 孙文凯，白重恩. 我国农民消费行为的影响因素 [J]. 清华大学学报：哲学社会科学版，2008（6）：133-138.

[113] 孙文章，李延喜，陈克兢. 消费金融公司与地区居民消费的关系研究：基于双重差分模型的估计 [J]. 中国软科学，2014（7）：115-127.

[114] 孙伟增，郑思齐. 居民对房价的预期如何影响房价变动 [J]. 统计研究，2016（5）：51-59.

[115] 谭洪业. 消费不确定性、心理感知对农村居民消费行为影响研究 [J]. 当代经济管理，2017（10）：32-37.

[116] 谭燕芝，彭千芮. 普惠金融发展与贫困减缓：直接影响与空间溢出效应 [J]. 当代财经，2018（3）：56-67.

[117] 汤向俊，任保平. 信贷偏好与中国低消费、高投资的经济增长结构：基于中美两国数据的比较分析 [J]. 经济评论，2011（1）：96-104.

[118] 田霖. 我国金融排斥的城乡二元性研究 [J]. 中国工业经济，2011（2）：36-45.

[119] 田青. 资产变动对居民消费的财富效应分析 [J]. 宏观经济研究，2011（5）：57-63.

[120] 涂先进，谢家智，张明. 金融借贷对农户消费的虚拟财富效应：基于消费分层视角 [J]. 中南财经政法大学学报，2018（2）：90-96.

[121] 涂先进，谢家智，张明.二元金融对家庭消费的虚拟财富效应分析 [J].中央财经大学学报，2018 (5)：34-45.

[122] 万广华，张茵，牛建高.流动性约束、不确定与中国居民消费 [J].经济研究，2001 (11)：35-44，94.

[123] 万广华，周章跃，陆迁.中国农村收入不等：运用农户数据的回归分解 [J].中国农村经济，2005 (5)：4-11.

[124] 王芳，黄莉芳.家庭特征对居民消费支出的影响分析：基于中国家庭追踪调查数据 [J].数理统计与管理，2019 (3)：381-393.

[125] 王国刚.从金融功能看融资、普惠和服务"三农" [J].中国农村经济，2018 (3)：2-14.

[126] 王国生.增加农民收入问题讨论综述 [J].经济理论与经济管理，2005 (7)：71-75.

[127] 王寒，黄蕾，曾祥姝.冲动性购买会连续发生吗?：基于后悔作用机理的实证研究 [J].消费经济，2016 (2)：86-91.

[128] 王汉杰，温涛，韩佳丽.深度贫困地区农村金融能够有效缓解农户内部收入差距吗 [J].金融经济学研究，2018 (9)：117-128.

[129] 汪伟，艾春荣，曹晖.税费改革对农村居民消费的影响研究 [J].管理世界，2013 (1)：89-100.

[130] 汪伟，郭新强.收入不平等与中国高储蓄率：基于目标性消费视角的理论与实证研究 [J].管理世界，2011 (9)：7-25.

[131] 汪伟，郭新强，艾春荣.融资约束、劳动收入份额下降与中国低消费 [J].经济研究，2013 (11)：100-113.

[132] 王修华，傅勇，贺小金，等.中国农户受金融排斥状况研究：基于我国 8 省 29 县 1547 户农户的调研数据 [J].金融研究，2013 (7)：139-152.

[133] 王修华，谭开通.农户信贷排斥形成的内在机理及其经验检验：基于中国微观调查数据 [J].中国软科学，2012 (6)：139-150.

[134] 王小华，温涛，王定祥.县域农村金融抑制与农民收入内部不平等 [J].经济科学，2014 (2)：44-54.

[135] 王小华，温涛，朱炳.习惯形成、收入结构失衡与农村居民消费行为演化研究 [J].经济学动态，2016 (10)：39-49.

[136] 王小鲁.灰色收入与居民收入差距 [J].中国税务，2007 (10)：

50-51.

[137] 王勇. 通过发展消费金融扩大居民消费需求 [J]. 经济学动态, 2012 (8)：75-78.

[138] 王子龙, 许箫迪. 房地产市场广义财富预期效应测度研究 [J]. 中国工业经济, 2011 (3)：15-25.

[139] 文洪星, 韩青. 非农就业如何影响农村居民家庭消费：基于总量与结构视角 [J]. 中国农村观察, 2018 (3)：93-111.

[140] 温涛, 王汉杰. 政府财政金融支农投入有效启动了农村消费吗？[J]. 吉林大学社会科学学报, 2017 (1)：31-40.

[141] 温涛, 朱炯, 王小华. 中国农贷的"精英俘获"机制：贫困县与非贫困县的分层比较 [J]. 经济研究, 2016 (2)：111-125.

[142] 温雪. 社会资本、消费信贷与农户家庭消费 [J]. 消费经济, 2018 (4)：33, 60-65.

[143] 吴碧琴. 浅析预期后悔对消费者购买决策的影响 [J]. 商业经济研究, 2010 (23)：35-35.

[144] 解垩. 房产和金融资产对家庭消费的影响：中国的微观证据 [J]. 财贸研究, 2012 (4)：73-82.

[145] 谢晓非, 陆静怡. 风险决策中的双参照点效应 [J]. 心理科学进展, 2014 (4)：571-579.

[146] 谢晓非, 谢佳秋, 任静, 等. 逼近真实风险情景下的动态决策 [J]. 北京大学学报：自然科学版, 2009 (5)：884-890.

[147] 谢家智, 涂先进, 叶盛. 金融借贷、心理财富与农户消费 [J]. 金融经济学研究, 2017 (6)：85-94.

[148] 熊芳, 李炳莲. 农户家庭特征与消费结构的实证研究：以江汉平原为例 [J]. 农业技术经济, 2014 (12)：59-64.

[149] 熊海斌. 如何认识和推动消费信贷 [J]. 财贸经济, 2000 (3)：75-76.

[150] 熊伟. 短期消费性贷款与居民消费：基于信用卡余额代偿的研究 [J]. 经济研究, 2014 (s1)：156-167.

[151] 徐璋勇, 杨贺. 农户信贷行为倾向及其影响因素分析：基于西部 11 省（区）1664 户农户的调查 [J]. 中国软科学, 2014 (3)：45-56.

[152] 许雁. 社会关系强弱对农户融资渠道选择的影响 [D]. 北京：

中央财经大学, 2022.

[153] 严太华, 刘志明. 信贷需求、借贷行为与农户社会网络的关联度 [J]. 改革, 2015 (9): 151-159.

[154] 杨娟, 贺巍. 破解财富迷局: 从财富概念的四个二律背反谈起 [J]. 经济问题探索, 2012 (10): 5-10.

[155] 杨晶, 黄云. 人力资本、社会资本对农户消费不平等的影响 [J]. 华南农业大学学报 (社会科学版), 2019 (4): 111-126.

[156] 杨汝岱, 陈斌开, 朱诗娥. 基于社会网络视角的农户民间借贷需求行为研究 [J]. 经济研究, 2011 (11): 117-130.

[157] 杨天宇, 柳晓霞. 满足消费最大化的最优居民收入差距研究 [J]. 经济学家, 2008 (1): 77-85.

[158] 杨新华, 孙海波. 农户家庭消费行为的多视角分析 [J]. 西部论坛, 2010 (3): 67-74.

[159] 姚卿, 陈荣, 段苏桓. 产品类型对购物冲量效应的调节作用分析 [J]. 心理学报, 2013 (2): 206-216.

[160] 银成钺, 于洪彦. 预期后悔对消费者冲动性购买行为的影响研究 [J]. 管理评论, 2009 (12): 71-79.

[161] 尹学群, 李心丹, 陈庭强. 农户信贷对农村经济增长和农村居民消费的影响 [J]. 农业经济问题, 2011 (5): 21-27.

[162] 殷浩栋, 王瑜, 汪三贵. 贫困村互助资金与农户正规金融, 非正规金融: 替代还是互补? [J]. 金融研究, 2018 (5): 120-136.

[163] 虞楸桦, 郭萍, 余康. 收入差距对家庭服务性消费的影响: 来自浙江省农村的证据 [J]. 农业技术经济, 2015 (7): 93-101.

[164] 余新平. 中国城乡居民家庭固定资产选择及其对消费的影响研究 [D]. 杭州: 浙江大学, 2015.

[165] 余永定, 李军. 中国居民消费函数的理论与验证 [J]. 中国社会科学, 2000 (1): 123-134.

[166] 臧旭恒. 居民跨时预算约束与消费函数假定及验证 [J]. 经济研究, 1994 (9): 51-59.

[167] 臧旭恒, 张欣. 中国家庭资产配置与异质性消费者行为分析 [J]. 经济研究, 2018 (3): 21-34.

[168] 曾国安, 胡晶晶. 论20世纪70年代末以来中国城乡居民收入差距

的变化及其对城乡居民消费水平的影响 [J]. 经济评论, 2008 (1): 45-54.

[169] 张慧芳, 朱雅玲. 居民收入结构与消费结构关系演化的差异研究: 基于 AIDS 扩展模型 [J]. 经济理论与经济管理, 2017 (12): 23-35.

[170] 张红宇. 新常态下的农民收入问题 [J]. 农业经济问题 (月刊), 2015 (5): 4-11.

[171] 张梓榆, 温涛, 王小华. "新常态" 下中国农贷市场供求关系的重新解读 [J]. 农业技术经济, 2018 (4): 54-64.

[172] 张朝华. 家庭生命周期、保障策略与农户消费行为 [J]. 农业技术经济, 2017 (11): 38-48.

[173] 张家喜. 对财富预期的制度维度的解读 [J]. 云南社会科学, 2008 (2): 91-95.

[174] 张凯, 李磊宁. 农民消费需求与农村金融发展关系研究: 基于协整分析与误差修正模型 [J]. 中国农村观察, 2006 (3): 16-22.

[175] 张秋惠, 刘金星. 中国农村居民收入结构对其消费支出行为的影响: 基于 1997—2007 年的面板数据分析 [J]. 中国农村经济, 2010 (4): 48-54.

[176] 张仁德, 王昭凤. 虚拟财富与真实财富: 与刘骏民教授商榷 [J]. 天津社会科学, 2004 (2): 99-104.

[177] 张五六, 赵昕东. 金融资产与实物资产对城镇居民消费影响的差异性研究 [J]. 经济评论, 2012 (3): 93-101.

[178] 赵家凤, 朱韦康. 住房负担抑制了城市居民消费吗?: 来自中国的微观证据 [J]. 云南财经大学学报, 2017 (3): 3-20.

[179] 中国社会科学院农村发展研究所课题组. 我国现阶段农民消费行为研究 [J]. 中国农村经济, 1999 (9): 1-12.

[180] 周静, 徐富明, 刘腾飞, 等. 心理账户基本特征的影响因素 [J]. 心理科学进展, 2011 (1): 124-131.

[181] 赵晓菊, 刘莉亚, 柳永明. 正规金融与非正规金融合作会提高农户期望收益吗?: 理论分析和实证检验 [J]. 财经研究, 2011 (4): 4-14.

[182] 朱信凯, 刘刚. 二元金融体制与农户消费信贷选择: 对合会的解释与分析 [J]. 经济研究, 2009 (2): 43-55.

[183] 朱信凯. 流动性约束、不确定性与中国农户消费行为分析 [J]. 统计研究, 2005 (2): 38-42.

[184] 张彧泽, 赵新泉. 收入不确定性对农村居民消费结构影响分析 [J]. 商业经济研究, 2018 (16): 42-46.

[185] AGUIAR M, BILS M. Has consumption inequality mirrored incomeinequality? [J]. American Economic Review, 2015, 105 (9): 2725-56.

[186] AJZEN I. The theory of planned behavior [J]. Organizational behavior and human decision processes, 1991, 50 (2): 179-211.

[187] ANGELA Y. LEE, STERNTHAL B. The Effects of Positive Mood on Memory [J]. Journal of Consumer Research, 1999, 26 (2): 115-127.

[188] ARKES H R, JOYNER C A, PEZZO M V, et al. The psychology of windfall gains [J]. Organizational Behavior and Human Decision Processes, 1994, 59 (3): 331-347.

[189] ATTANASIO O, AUGSBURG B, DE HAAS R, et al. Group borrowing or individual borrowing? Evidence from arandomised field experiment in Mongolia [R]. WZB Discussion Paper, 2014.

[190] BAUMEISTER R F. Yielding to temptation: Self-control failure, impulsive purchasing, and consumer behavior [J]. Journal of Consumer Research, 2002, 28 (4): 670-676.

[191] BIAN Y. Bringing Strong Ties Back in: Indirect Ties, Network Bridges, and Job Searches in China [J]. American Sociological Review, 1997, 62 (3): 366-385.

[192] BOURDIEU P. The forms of capital [M]. 1986. NewYork: Greenwood Press.

[193] BRENDL C M, MARKMAN A B, HIGGINS E T. Mental accounting as self-regulation: Representativeness to goal-derived categories [J]. Zeitschrift Fur Sozialpsychologie, 1998, 29 (2): 89-104.

[194] BRZOZOWSKI M, GERVAIS M, KLEIN P, et al. Consumption, income, and wealthinequality in Canada [J]. Review of Economic Dynamics, 2010, 13 (1): 52-75.

[195] CAMPBELL J Y. Household Finance [J]. Journal of Finance, 2006, 61 (4): 1553-1604.

[196] CHANG HH, TUAN PHAM M. Affect as a Decision-Making System of the Present | Journal of Consumer Research | Oxford Academic [J].

Journal of Consumer Research, 2013, 40 (1): 42-63.

[197] CHEEMA A, SOMAN D. Malleable Mental Accounting: The Effect of Flexibility on the Justification of Attractive Spending and Consumption Decisions [J]. Journal of Consumer Psychology, 2006, 16 (1): 33-44.

[198] CLAESSENS, STIJN M A KOSE, MARCO E. Terrones. Financial Cycles: What? How? When? [M]. Chicago and London: University of Chicago Press, 2011, 76 (4): 303-343.

[199] CRYDER C E, LERNER J S, GROSS JJ, et al. Misery is not Miserly: Sad and Self-Focused Individuals Spend More [J]. Psychological Science, 2008, 19 (6): 525-530.

[200] CUTLER D M, KATZ L F. Rising Inequality? Changes in the Distribution of Income and Consumption in the 1980's [J]. American Economic Review, 1992, 82 (2): 546-551.

[201] DEWEERDT J, DERCON S., 2006, "Risk-sharing networks and insurance against illness" [J], Journal of Development Economics, 2006 (2), 337-356.

[202] DEATON A. Involuntary Saving through UnanticipatedInflation. [J]. American Economic Review, 1997, 67 (67): 899-910.

[203] DEATON A. Saving and Liquidity Constraints [J]. Econometrica, 1991, 59 (5): 1221-1248.

[204] DéMURGER S, FOURNIER M, LI S. Urban income inequality in China revisited (1988-2002) [J]. Economics Letters, 2006, 93 (3): 354-359.

[205] DIANNE M. Tice, EllenBratslavsky. Giving in to Feel Good: The Place of Emotion Regulation in the Context of General Self-Control [J]. Psychological Inquiry, 2000, 11 (3): 149-159.

[206] DOGRA K, GORBACHEV O. Consumption Volatility, Liquidity Constraints and Household Welfare [J]. The Economic Journal, 2016.

[207] DUESENBERRY J S. Income, Saving and the Theory of Consumer Behavior [J]. Review of Economics & Statistics, 1949, 33 (3): 111.

[208] DURANTON G, PUGA D. Micro-Foundations of Urban Agglomeration Economies [J]. Social Science Electronic Publishing, 2003, 4 (04):

2063-2117.

[209] DYNAN K E. How Prudent AreConsumers? [J]. Journal of Political Economy, 2000, 101 (6): 1104-1113.

[210] EFRON B. Bootstrap Methods: Another Look at the Jackknife [J]. The Annals of Stats, 1979, 7 (1): 1-26.

[211] FISHBACH A, FRIEDMAN R S, KRUGLANSKI A W. Leading us not unto temptation: momentary allurements elicit overriding goal activation. [J]. J Pers Soc Psychol, 2003, 84 (2): 296-309.

[212] GANS J S, GROVES V. Carbon Offset Provision with Guilt-Ridden Consumers [J]. Journal of Economics & Management Strategy, 2012, 21 (1): 243-269.

[213] GOURINCHAS P O, PARKER J A. Consumption over the life cycle [J]. Econometrica, 2002, 70 (1): 47-89.

[214] GROSS T, NOTOWIDIGDO M, WANG J. Liquidity Constraints and Consumer Bankruptcy: Evidence from Tax Rebates [J]. Review of Economics & Statistics, 2014, 96 (3): 431-443.

[215] GUZMAN M, STIGLITZ J E. Pseudo-wealth and consumption fluctuations [R]. National Bureau of Economic Research, 2016.

[216] GUZMAN M, STIGLITZ J E. Pseudo-wealth Fluctuations and Aggregate Demand Effects [C] //American Economic Association Meetings, Boston, January. 2015.

[217] HALL R E. Stochastic Implications of the Life Cycle-Permanent Income Hypothesis: Theory and Evidence [J]. Journal of Political Economy, 1978, 86 (6): 971-987.

[218] HASTIE R. Problems for Judgment andDecision Making [J]. Annual Review of Psychology, 2001, 52 (1): 653.

[219] HEATH C, O'CURRY S. Mental accounting and consumer spending [J]. NA-Advances in Consumer Research 1994, 21 (1): 119.

[220] HEATH C, SOLL J B. Mental budgeting and consumer decisions [J]. Journal of consumer research, 1996, 23 (1): 40-52.

[221] HENDERSON P W, PETERSON R A. Mental accounting and categorization [J]. Organizational Behavior and Human Decision Processes, 1992,

51 (1): 92-117.

[222] HOPKINS E, KORNIENKO T. Running to Keep in the Same Place: Consumer Choice as a Game of Status [J]. American Economic Review, 2004, 94 (4): 1085-1107.

[223] JAIN S. Symbiosis vs. crowding-out: the interaction of formal and informal credit markets in developing countries [J]. Journal of Development Economics, 1999, 59 (2): 419-444.

[224] JANIS I L, MANN L. Decision making: a psychological analysis of conflict, choice, andcommitment. [J]. American Political Science Association, 1979, 73 (1): 74-95.

[225] JAPPELLI T, PISTAFERRI L. Does consumption inequality track income inequality in Italy? [J]. Review of Economic Dynamics, 2010, 13 (1): 133-153.

[226] KAHNEMAN D, MILLER D T. Norm theory: comparing reality to its alternatives [J]. Psychological Review, 1986, 93 (2): 136-153.

[227] KAHNEMAN D, TVERSKY A. Choices, values, and frames [J]. American Psychologist, 1984, 39 (4): 341.

[228] KAHNEMAN D, TVERSKY A. Prospect theory: an analysis of decision under risk [J]. Econometrica: Journal of the Econometric Society, 1979, 47 (2): 263-291.

[229] KIVETZ R, SIMONSON I. Self-control for the righteous: Toward a theory of precommitment to indulgence [J]. Journal of Consumer Research, 2002, 29 (2): 199-217.

[230] KIVETZ R. Advances in research on mental accounting and reason-based choice [J]. Marketing Letters, 1999, 10 (3): 249-266.

[231] KOENKER R, BASSETT G. The asymptotic distribution of the least absolute error estimator [J]. Journal of the American Statistical Association, 1978, 73: 618-622.

[232] LASCU DN. Consumer Guilt: Examining the Potential of a New Marketing Construct [J]. Advances in Consumer Research, 1991, 18 (1): 290-295.

[233] LELAND H E. Saving and Uncertainty: The Precautionary Demand

for Saving [J]. Quarterly Journal of Economics, 1978, 82 (3): 465-473.

[234] LERNER J S, SMALL D A, Loewenstein G. Heart strings and purse strings: Carryover effects of emotions on economic decisions [J]. Psychological Science, 2004, 15 (5): 337-341.

[235] LEVAV J, MCGRAW A P. Emotional accounting: how feelings about money influence consumer choice [J]. Journal of Marketing Research, 2009, 46 (1): 66-80.

[236] LEVYH, WIENER Z. Prospect theory and utility theory: Temporary versus permanent attitude toward risk [J]. Journal of Economics and Business, 2013, 68 (Complete): 1-23.

[237] LEYSHON A, THRIFT N. Financial exclusion and the shifting boundaries of the financial system [J]. Environment & Planning A, 1996, 28 (7): 1150-1156.

[238] LIN, Y. T., XIA, K. N.. The relationship between consumer guilt and product categories. Asia – PacificAdvances in Consumer Research, 2009 (8): 332-333

[239] LOOMES G, SUGDEN R. Regret Theory: An Alternative Theory of Rational Choice Under Uncertainty [J]. Economic Journal, 1982, 92 (368): 805-824.

[240] LOUREIRO Y K, HAWS K L. Positive Affect and Malleable Mental Accounting: An Investigation of the Role of Positive Affect in Flexible Expense Categorization and Spending [J]. Psychology & Marketing, 2015, 32 (6): 670-677.

[241] LUSARDI A. On the Importance of the Precautionary Saving Motive [J]. American Economic Review, 1998, 88 (2): 449-453.

[242] MANUCIA G K, BAUMANN D J, CIALDINI R B. Mood influences on helping: Direct effects or side effects? [J]. Journal of Personality & Social Psychology, 1984, 46 (2): 357-364.

[243] MARSHA L. Richins. Measuring Emotions in the Consumption Experience [J]. Journal of Consumer Research, 1997, 24 (2): 127-146.

[244] MCCARTHY J. Debt, Delinquencies, and Consumer Spending [J]. Current Issues in Economics & Finance, 1997, 3 (3): 1-6.

［245］ MCKINNON R I. Money and capital in economic development ［J］. American Political Science Review, 1973, 68 (4): 1822-1824.

［246］ MCKINSEY. Debt and Deleveraing: Uneven Progress on the Path to Growth ［R］. Seoul, San Francisco, London, and Washington, 2012.

［247］ MIYAZAWA K. Input-output analysis and the structure of income distribution ［M］. Springer Science& Business Media, 2012.

［248］ MODIGLIANI F, BRUMBERG R E. Utility Analysis and the Consumption Function: An Interpretation of Cross-Section Data ［J］. Journal of Post Keynesian Economics, 1954: 358-436.

［249］ MUELLBAUER J, MURPHY A. Booms and busts in the UK housing market ［J］. The Economic Journal, 1997, 107 (445): 1701-1727.

［250］ NEWBERRY C R, KLEMZ B R, BOSHOFF C. Managerial implications of predicting purchase behavior from purchase intentions: a retail patronage case study ［J］. Journal of Services Marketing, 2003, 17 (6): 609-620.

［251］ OKADA E M. Justification effects on consumer choice of hedonic and utilitarian goods ［J］. Journal of Marketing Research, 2005, 42 (1): 43-53.

［252］ OLIVER R L. Cognitive, Affective, and Attribute Bases of the Satisfaction Response ［J］. Journal of Consumer Research, 1993, 20 (3): 418-430.

［253］ PAIELLA M. The Stock Market, Housing and Consumer Spending: A Survey of the Evidence on Wealth Effects ［J］. Journal of Economic Surveys, 2009, 23 (5): 947-973.

［254］ PETRICK M. Empirical measurement of credit rationing in agriculture: A methodological survey ［J］. Agricultural Economics, 2005, 33 (2): 191-203.

［255］ PETTY R E, SCHUMANN D W, RICHMAN S A, et al. Positive mood and persuasion: Different roles for affect under high- and low-elaboration-conditions. ［J］. Journal of Personality & Social Psychology, 1993, 64 (1): 5-20.

［256］ PIGOU A C. The Classical Stationary State ［J］. Economic Journal, 1943, 53 (212): 343-351.

［257］ PRELEC D, LOEWENSTEIN G. The red and the black: mental accounting of savings and debt ［J］. Marketing Science, 1998, 17 (1): 4-28.

［258］ RAGHUNATHAN R, CORFMAN K P. Sadness as pleasure-seeking prime and anxiety as attentiveness prime: The "Different Affect - - Different Effect" (DADE) model. ［J］. Motivation & Emotion, 2004, 28 (1): 23-41.

［259］ RICHINS M L. Measuring emotions in the consumption experience ［J］. Journal of Consumer Research, 1997, 24 (2): 127-146.

［260］ ROMER DAVID. AdvancedMacroeconomics (Second edition) ［M］. American: The McG raw -H ill Education, Co., 2000: 48-55.

［261］ THALER RH, SHEFRIN H M. The Behavioral Life-Cycle Hypothesis ［J］. Economic Inquiry, 1988, 26 (4): 609-643.

［262］ SIMONSON I. The influence of anticipating regret and responsibility on purchasedecisions. ［J］. Journal of Consumer Research, 1992, 19 (1): 105 -18.

［263］ SOMAN D, CHEEMA A. The Effect of Credit on Spending Decisions: The Role of the Credit Limit and Credibility ［J］. Marketing Science, 2002, 21 (1): 32-53.

［264］ SOMAN D, CHEEMA A. The effect of windfall gains on the sunk-cost effect ［J］. Marketing Letters, 2001, 12 (1): 51-62.

［265］ SOSCIA I. Gratitude, delight, or guilt: The role of consumers' emotions in predictingpostconsumption behaviors ［J］. Psychology & Marketing, 2007, 24 (10): 871-894.

［266］ SPEARS N. Just moseying around and happening upon it versus a master plan: Minimizing regret in impulse versus planned sales promotion purchases ［J］. Psychology & Marketing, 2010, 23 (1): 57-73.

［267］ STAW B M, SANDELANDS L E, DUTTON J E. Threat Rigidity Effects in Organizational Behavior: A Multilevel Analysis ［J］. Administrative Science Quarterly, 1981, 26 (4): 501-524.

［268］ STEWART M B. Semi-nonparametric estimation of extended ordered probit models ［J］. Stata Journal, 2004, 4 (1): 27-39.

［269］ STIGLITZ J E, WEISS A. Credit rationing in markets with imperfect information ［J］. The American economic review, 1981, 71 (3): 393-410.

[270] STIGLITZ J E. Towards a general theory of deep downturns [R]. National Bureau of Economic Research, 2015.

[271] STONE R N, WINTER F W. Risk: Is it still uncertainty times consequences [C] //Proceedings of the American Marketing Association. Chicago, IL: Winter Educators Conference, 1987, 1: 261-265.

[272] THALER R H, JOHNSON E J. Gambling with the house money and trying to break even: The effects of prior outcomes on risky choice [J]. Management science, 1990, 36 (6): 643-660.

[273] THALER R H. Mental accounting matters [J]. Journal of Behavioral decision making, 1999, 12 (3): 183.

[274] THALER R. Mental accounting and consumer choice [J]. Marketing science, 1985, 4 (3): 199-214.

[275] THALER R. Toward a positive theory of consumer choice [J]. Journal of Economic Behavior & Organization, 1980, 1 (1): 39-60.

[276] TYKOCINSKI O E, ORTMANN A. The Lingering Effects of Our Past Experiences: The Sunk-Cost Fallacy and the Inaction-Inertia Effect [J]. Social & Personality Psychology Compass, 2011, 5 (9): 653-664.

[277] VAREY C, KAHNEMAN D. The integration of aversive experiences over time: Normative considerations and lay intuitions [J]. Journal of Behavioral Decision Making, 1990, 5: 169-186.

[278] WINTERICH K P, HAN S, LERNER J S. Now that I'm sad, it's hard to be mad: the role of cognitive appraisals in emotionalblunting. [J]. Personality & Social Psychology Bulletin, 2010, 36 (11): 1467.

[279] YANG MM. Gifts, favors, and banquets: The art of social relationships in China [M]. Cornell University Press, 1994.

[280] ZEELENBERG M, BEATTIE J, JOOP V D P, et al. Consequences of regret aversion: Effects of expected feedback on risky decision making. [J]. Organizational Behavior & Human Decision Processes, 1996, 65 (2): 148-158.

[281] ZEELENBERG M, PIETERS R. Consequences of regret aversion in real life: The case of the Dutch postcode lottery [J]. Organizational Behavior & Human Decision Processes, 2004, 93 (2): 155-168.

［282］ MARTIN BLOMH OFF HOLM. Consumption with liquidity constraints: An analytical characterization ［J］. Economics Letters, 2018, 16740-42.

［283］ ZHAO J M, ZHANG J, BARRY P J. Do formal credit constraints affect the rural household consumption inChina? ［J］. Social Science Electronic Publishing, 2014, 33（1）: 79-94.

致　谢

　　本书付梓之际，也意味着四年的博士生涯将要划上句号，我即将离开这个我曾经努力过、奋斗过的西南大学，离开这个给我无数温暖与感动的地方。四年光阴虽然短暂，但却让我终生受益。

　　感恩导师谢家智教授。我依然清晰地记得和谢老师的第一次深谈，虽然倍受"打击"，但更加坚定了我的学术选择。四年中，谢老师以其特有的人格魅力，潜移默化地影响和感染了我。他经常教导我们学术研究要"顶天立地"，研究工作要"大胆假设、小心求证"。谢老师以幽默风趣的谈话方式模糊了师生的界线，让人倍感轻松；以乐观豁达的生活态度提点我笑对生活，正视挫折；以淡泊人生的平常之心提醒我做人做事，谦虚踏实，待人接物，不卑不亢。在我遇到困难时，谢老师总是第一时间为我分忧解难。对于老师的付出，"谢谢"二字已无法盛载我内心深处无尽的感激，学生无以回报，唯有不懈努力。

　　感恩各位学术前辈。本书在创作过程中，有幸得到西南大学温涛教授、胡士华教授、王定祥教授、高远东教授、张应良教授、李容教授等老师的悉心指导，同时，也得到中国农业大学郭沛和何广文，上海交通大学史清华，华中农业大学周月书，华南农业大业万俊毅，重庆大学曹国华、康继军和陈其安，重庆师范大学胡兵等老师的帮助，你们严谨的治学态度、深厚的理论功底、渊博的学术知识对本书的创作提供了思路，给本书提出了很多宝贵建议。

　　感恩各位同门同学。学术生涯中得到张明、王小华、张林、刘思亚、刘培森、张瑜、车四方、李屹然、姚领、吴静茹、张博、王恬、徐小凤等同门师兄妹的帮助。在我遇到困难需要帮助时，你们都及时站在我身后，替我分担了很多。感谢刘达、张梓榆、韩佳丽、王汉杰、李国珍、向从武、秦天、孙晗霖、张丽、雷丽霞、刘娟、王涵申、闫龙、王若诗、何茜等博士的陪伴，让我的学术生涯不再孤独。感谢汪磊、陈少林、涂春丽、刘盛坤、邓富华、于翔宇、高山、赵鑫、彭云、钟声、鄂磊、彭云、林振艺、王彦、丛淑臻、周子毅、李怀娇、路普敬等，你们在百忙之中还不忘帮我完善问卷。

感恩家人无私的奉献。感谢父母多年来的养育之恩；感谢爱人的鼎力支持，在我外出求学时照顾家庭。

得之于人的太多，唯有不断努力以为报答。

涂先进

2024 年 6 月 16 日